成都师范学院课题，描绘乡村发展新蓝图——乡村振兴的多维度研究（CS23XSZZ02）
四川省科技厅课题，数字经济赋能川西民族地区文旅融合发展模式与路径研究（2023JDR0169）

乡村振兴的多维度研究

赵云　著

上海交通大學出版社
SHANGHAI JIAO TONG UNIVERSITY PRESS

内容提要

本学术著作从乡村与乡村发展的基本理论出发，在深度把握乡村发展的特点与乡村振兴理论的基础上，进一步阐述了乡村振兴中的数字赋能与美丽乡村建设，为后文的阐述奠定了基础。本书对乡村振兴的核心动力即产业兴旺进行了系统的论证与分析，对乡村振兴的保障即文化建设进行了理论梳理，对乡村振兴的关键即生态宜居进行了分析，明确了乡村生态环境保护与农村人居环境建设。本书还对乡村振兴与人才支撑进行了研究，明确了乡村振兴与新型职业农民培育的关系，还对乡村振兴的未来发展趋势进行了分析和研究。本书以理论研究为基础，力求对乡村振兴进行全方位、多维度的研究，以期为乡村的振兴与发展贡献一点力量。本书具有较强的应用价值，可供从事相关工作的人员作为参考用书使用。

图书在版编目（CIP）数据

乡村振兴的多维度研究 / 赵云著 . -- 上海 : 上海交通大学出版社 , 2024.6

ISBN 978-7-313-30670-8

Ⅰ . ①乡… Ⅱ . ①赵… Ⅲ . ①农村 – 社会主义建设 – 研究 – 中国 Ⅳ . ① F320.3

中国国家版本馆 CIP 数据核字 (2024) 第 089857 号

乡村振兴的多维度研究

XIANGCUN ZHENXING DE DUO WEIDU YANJIU

著　　者：赵　云

出版发行：上海交通大学出版社　　地　　址：上海市番禺路 951 号

邮政编码：200030　　电　　话：021-64071208

印　　制：定州启航印刷有限公司　　经　　销：全国新华书店

开　　本：710mm×1000mm　1/16　　印　　张：13.25

字　　数：204 千字

版　　次：2024 年 6 月第 1 版　　印　　次：2024 年 6 月第 1 次印刷

书　　号：ISBN 978-7-313-30670-8

定　　价：78.00 元

前　言

|Foreword|

乡村是我国的有机组成部分，也是实现中华民族伟大复兴的一个着力点，加强乡村建设始终是党和政府工作中的重中之重。自改革开放以来，我国乡村实现了快速发展，但在经济、文化、生态等方面的建设上仍存在一些问题。为了推动乡村的全面振兴，在党的十九大报告中，习近平同志提出了乡村振兴战略，针对新时代中国特色社会主义的乡村发展制定了总目标和总方针，并明确了“产业兴旺、生态宜居、乡风文明、治理有效、生活富裕”的20字总要求。乡村振兴战略的提出为乡村的全面振兴指明了前进的方向。

乡村振兴的着力点，主要包含五个方面：产业振兴、人才振兴、文化振兴、生态振兴和组织振兴。因此，笔者针对乡村振兴的研究也主要从这五个方面着手。产业振兴是乡村振兴的物质基础，其目标是形成优质高效、绿色安全的乡村产业体系，为农民的增收致富提供坚实的产业支撑；人才振兴是乡村振兴的关键因素，因为无论在什么时期，人都是核心，所以在乡村振兴中要将人才的振兴放在关键位置；文化振兴是乡村振兴的精神基础，乡村的文化振兴要贯穿乡村振兴的各领域之中，从而为乡村的全面振兴提供持续的精神动力；生态振兴是乡村振兴的重要支撑，其核心理念是人与自然的和谐共生，目标在于打造良好的生态环境，并使其成为乡村振兴的重要支撑点；组织振兴是乡村振兴的保障条件，目标是构建完善的乡村组织体系，进而使乡村治理更加有效。

本书共有八章。第一章为基础理论性的内容，针对乡村与乡村发展进行了系统的介绍；第二章以乡村振兴为出发点，针对乡村振兴进行了初步的探索与思考；第三章到第七章为本书的主要内容，分别从产业兴旺、人才支撑、文化建设、生态宜居、组织振兴五个维度着手，针对如何推动乡村振兴进行了系统且全面的研究；第八章着眼于未来，对乡村振兴的未来发展趋势进行了展望。

本书是笔者的心血之作，在撰写时尽可能使用简练的语言，同时采用图文结合的形式，旨在使广大读者更容易理解。但由于笔者自身主客观上的原因，一定存在不足之处，还望各位读者朋友能够多多包涵，并予以批评指正。

目　录

| Contents |

第一章 乡村与乡村发展

第一节 乡村的概念及其社会特点

一、乡村的概念

乡村是人类聚落发展过程中形成的一种聚落形式，其形成和人类早期的生产生活是密不可分的。在《辞海》中，“乡村”和“农村”两个概念是通用的，都是指以农业经济为主的人口聚居地区。而在《关于统计上划分城乡的规定（试行）》中，乡村和农村则属于两个不同的概念，它们不是等同关系，而是从属关系，即农村是一个小概念，乡村是一个大概念，农村从属于乡村。在目前的文献资料中，对于乡村的概念并没有统一的界定，大多数学者是站在不同的角度对乡村的概念进行界定。具体而言，目前主要从地理学、社会学、生态学等角度进行广义的界定。

（一）地理学范畴下乡村的概念

从地理学角度去界定乡村的概念是一种比较直观的方法，也是一种常用的方法，因为很多人在看待乡村时都会将其看作一种地域概念，但地域概念下乡村的内涵是非常丰富的，所以不同学者在地理学范畴下界定的乡村概念也存在一定的差异。

英国著名地理学家 R. J. 约翰斯顿在其主编的《人文地理学词典》中将乡村界定如下：乡村是指具有大面积的农业或林业土地利用，或有大量的各种未开发的土地地区；乡村包含小规模的、无秩序分布的村落，其建筑物与周围广阔的景观有强烈的依存关系，并且多数居民也将其视为乡村；同时，乡村也被认为产生了一种以基于对环境的尊敬和作为广阔景观一部分的一致认同为特征的生活方式[①]。

王洁钢认为，乡村是指以行政区划的乡镇所辖的地域实体，它的外延是以乡（镇）政府所在的圩镇为中心，包括其所管辖的所有村庄的地域范围。王洁钢还指出，乡村的概念是动态的，它既能容纳“农业”相关的产业，也能容纳“非农业”相关的产业。进一步来说，乡村是在具体变迁的过程中由量变到质变而产生新的区域实体，也就是以农业为主的乡村转化为以非农业为主的乡村，即实现其区域内的城市化[②]。

地理学家郭焕成则认为，乡村也可以称为“农村”，但由于我国农村产业结构和人口就业结构发生了变化，农村中不仅有人从事农业，而且还有人从事非农业，所以将农村称为乡村更合适。而关于乡村的完整概念，应是以居民点为中心、与周围地区相联系的区域综合体，也称“乡村地域系统”。由此可见，乡村的范围一般是指县城以下的广大地区，包括乡镇、村庄及其所辖的行政区域[③]。

此外，还有学者站在聚落的角度上对乡村的概念进行了界定。聚落作为一种地域概念，是指人类居住、生活、休息及进行各种社会活动的场所，包括乡村和城市两种聚落形式。对于乡村聚落这种形式，张小林认为，从不同的角度去看，有不同的理解和侧重。从人口空间分布的角度去看，乡村聚落是指城市之外的乡村人口规模聚集的地域空间；从产业生产的角度去看，乡村聚落是指以农业生产为主体的乡村区域[④]。上述两种论述的角度虽然不同，但都是基于地域概念，将乡村界定为一种地域空间或区域。

综合上述基于地域概念下对乡村概念的界定，笔者认为可以将乡村界

---

① 约翰斯顿.人文地理学词典[M].柴彦威，译.北京：商务印书馆，2004：622.

② 王洁钢.农村、乡村概念比较的社会学意义[J].学术论坛，2001（2）：126-129.

③ 郭焕成.黄淮海地区乡村地理[M].石家庄：河北科学技术出版社，1991：4.

④ 张小林.乡村空间系统及其演变研究：以苏南为例[M].南京：南京师范大学出版社，1999：13.

定为：乡村是指生产力发展到一定阶段上产生的相对独立的，具有特定经济特点、社会和自然景观特点的地区综合体。

（二）社会学范畴下乡村的概念

在社会学的范畴下，对聚落一词的解读不能只局限于地域概念，还需要站在社会关系的角度解读。其实，从聚落一词的意思（人类聚居和生活的场所）也可以大致了解其所包含的社会性特征，因为当人类聚居到一起的时候必然会随之产生社会关系。

吴海燕便从乡村聚落的角度出发，认为乡村聚落作为社会中乡民共同生活、居住、生产的空间，应是由许多物质要素构成的综合性的实体，这些物质要素除能满足百姓生产、生活、防卫等需要外，有些设施还要满足百姓的精神、文化等需要。这些最基本的设施应包括各种类型的房屋、经济性设施（如烧制陶器的窑、饲养家畜的圈栏、储藏粮食等食品用的窑穴等）、防卫型设施、墓地等①。

梁漱溟站在社会学的范畴，指出乡村概念的实质是构造一种生活世界、一种社会秩序与意义秩序，而在这个社会秩序中，儒家的伦常发挥着重要的作用。除了伦常外，在乡村中还有一个非常重要的关键词，那就是政治。因为乡村不仅是一个伦理生活的场景，同时还是一个政治生活的领域，生活在其中的人在遵守伦理纲常的基础上能够自由地表达自己的意见。

李红艳、左停从社会文化发展历程的角度着手，认为乡村是社会发展阶段自然而然的产物，它是人类生活演进过程中必不可少的环节。乡村作为社会文化发展的一种见证和资源符号，也恰恰构成了乡村社会的历史进程的一个重要组成部分②。

（三）生态学范畴下乡村的概念

从生态学的角度去界定乡村的概念是受到了乡村自然资源的生态性的影响，以及乡村人口空间分布特征的影响。相较于城市而言，乡村的人口密度较小，生态自然资源更加丰富，同时具有明显的田园特征。

① 吴海燕．魏晋南北朝乡村社会及其变迁研究[D]．郑州：郑州大学，2003.

② 李红艳，左停．乡村传播意义下的农村发展[J]．新闻界，2007（6）：38-40.

韩明谟立足于乡村的生态特点，认为乡村作为村民聚居的地方，可以将其界定为以村民聚居的村落为中心而形成的，与村民生产、生活相关联的，大面积的自然环境与人文环境①。乡村长期被包围在自然环境之中，被包围在村民自己活动的农业生产环境之中，是人与自然环境保持生态平衡的一个重要媒介。

从人口空间分布的角度去看，乡村不但用来指人口密度较少的地区，而且也指与人口多地方来往较少的隔离开的定居区②。由此可见，乡村不仅指的是单个聚落人口规模较小的地方，这些聚落之间则是较大的开敞地带；还指城市以外的一切地域，严格地讲是城市建成区以外的地区；有的还用来表示某种特殊的土地利用类型，如乡村型的景观。

综上，乡村的内涵是非常丰富的，我们很难将其简要地界定出来。通过从不同的角度去对乡村的概念进行界定，无疑有助于人们对乡村形成深入和全面的认知。

二、乡村的社会特点

虽然对乡村的概念无法做准确的界定，但通过前面从多个角度对乡村的概念进行分析，以及结合乡村发展的现状，乡村的社会特点可以概括为三个“趋于”：人口结构趋于复杂、产业结构趋于复杂和治理结构趋于多元。

（一）人口结构趋于复杂

在传统乡村中，乡村的人口以本土人口为主，其人口结构比较简单，但进入现代社会后，随着我国乡村的不断发展，人口结构在不断趋于复杂。从户籍的角度来看，乡村的人口户籍大致可概括为四类：有户籍的集体经济组织成员、无户籍的集体经济组织成员、有户籍无集体经济组织成员资格的人口、无户籍无集体经济组织成员资格的人口。这四类人口虽然都居住在村庄，但其性质是不同的。比如，无户籍的集体经济组织成员和无户籍无集体经济组织成员资格的人口大多为外来人口，他们有些是到乡村从事经济活动，有些仅仅是在乡村租赁了一些房屋和田地，目的是享受乡村

① 韩明谟.农村社会学[M].北京：北京大学出版社，2001：84.

② 张小林.乡村概念辨析[J].地理学报，1998（4）：365-371.

的生活方式。虽然上述两类人口在本质上并不属于乡村人口，但他们和乡村及村民的联系非常紧密。未来，随着城乡人口流动的加快，乡村人口的结构将会变得更加复杂。

（二）产业结构趋于复杂

在改革开放之前，乡村的产业以农业为主，其产业结构比较单一。在改革开放之后，乡村的产业虽然仍旧以农业为主，但第二产业和第三产业开始获得发展。随着乡村产业的发展，乡村的产业结构开始变得复杂起来，在乡村产业发展的过程中，产业融合开始出现，这催生了新的业态，使得乡村的产业结构变得愈加的复杂。

（三）治理结构趋于多元

乡村治理包括政治治理、经济治理和社会治理。在传统的乡村社会，乡村的治理结构是以政府为主体，治理结构比较简单，虽然也存在其他治理主体，但其发挥的作用相对较小。进入现代社会后，我国乡村的治理结构开始发生变化，除了政府这一主体外，涌现出了越来越多的主体，而且这些主体也发挥着非常重要的作用。比如，村民委员会便是现代治理理念下的产物，它是群众性自治组织，是村民自我管理、自我教育和自我服务的体现，同时也是我国实施民主化管理的体现。

第二节　乡村的价值与社会构成

一、乡村的价值

关于乡村的价值，可以从生产价值、生态价值和生活价值三个维度进行分析（见图 1-1）。乡村在其发展的过程中，其实也始终是围绕生产、生态和生活这三个价值维度演化发展的，并孕育了深厚的乡村文化，造就了丰富的乡村景观。

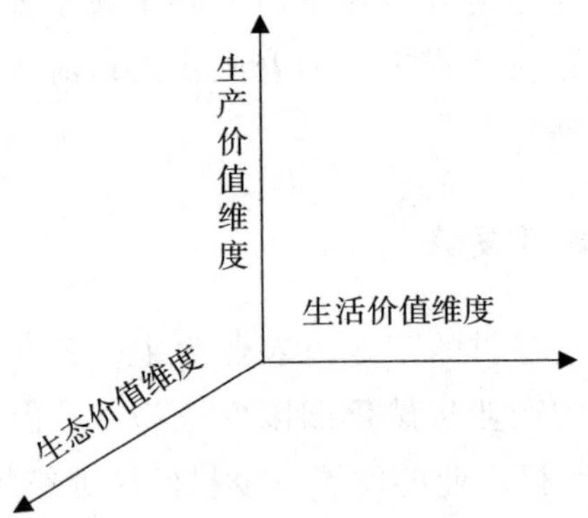

图 1–1 乡村价值的维度示意

（一）生产价值

乡村的生产价值是其最基本的价值，主要体现在三个方面：农业生产、手工生产和工业产生。

农业生产是指种植农作物的生产活动，如粮、麻、油、果、药等农作物的生产。农业生产是伴随乡村发展而发展的，从最开始的手工生产，到如今的机械化生产、信息化生产，乡村的农业生产经历了翻天覆地的变化，其生产效率也实现了飞跃。未来，随着乡村农业机械化和信息化程度的提高，乡村农业产生的效率也将会实现进一步的提高。

手工生产是指用双手或者运用简单工具进行的生产活动。手工生产在我国有着非常悠久的历史，它也是工业生产最原始的形式。手工生产出来的物品不仅能够满足人们物质生活的需求，还可以满足人们精神生活的需求。如今，虽然工业生产机械化程度在不断提高，但很多乡村仍旧存在手工生产的方式，因为其所具有的不仅是生产价值，还具有较强的文化价值。

工业生产是指劳动力利用机械设备生产产品的一种生产活动。自改革开放以来，乡村开始发展工业，工业生产便开始在乡村普及。工业的发展丰富了乡村的产业形态，为乡村提供了更多的就业岗位，在促进农民收入提高、乡村经济发展方面发挥了重要的作用。

（二）生态价值

乡村的生态价值主要体现在其良好的生态环境上。相较于城市而言，乡村的一个重要优势就是其良好的生态环境，这也是乡村可以发展旅游产业的一个重要支撑。但随着乡村经济的发展，乡村的生态环境遭受了一定程度的破坏，这导致乡村的生态价值降低。因此，在乡村振兴战略中提出了生态振兴这一要求，目的就是要解决乡村生态存在的一系列问题，恢复乡村的生态价值。

（三）生活价值

乡村所具有的生活价值首先体现在其所具有的生活功能上。乡村属于一种人居环境，它所具有的生活功能能够满足人们生活的需求。比如，乡村具有居住功能，只是不同的乡村由于地形差异导致其居住功能存在差异，而人们需要依据乡村的地形特点修建相应的建筑物作为其居所。

除了生活功能外，乡村的生活价值还体现在其所具有的生活哲学上。如果我们站在生态文明的视角去看乡村，便可以发现乡村承载着“天人合一”的生活哲学，这一社会哲学和当前人们提倡的人与自然和谐发展非常相近。在“天人合一”生活哲学的影响下，乡村还产生了田园牧歌式的生活理想，而乡村所具有的自给、自足、自养、自乐的特点，使得其田园牧歌式的生活理想具有成为现实的基础。如今，随着城市生活节奏的加快，乡村宁静、慢节奏的生活方式对长期生活在城市中的人的吸引力越来越大，这为乡村旅游休闲农业、旅游农业的发展提供了市场，而乡村则需要充分发挥其所具有的生活价值，以此进一步带动乡村的发展。

二、乡村的社会构成

乡村社会非常复杂，如果对其构成要素进行分析，可归纳为七项：乡村人口、乡村婚姻与家庭、乡村经济、乡村政治、乡村文化、乡村社会保障、乡村社会组织。乡村的社会构成如图 1-2 所示。

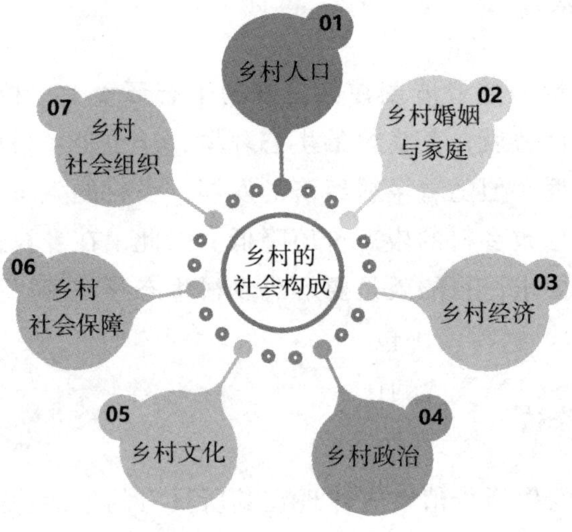

图 1–2　乡村的社会构成

（一）乡村人口

乡村人口一般指居住和生活在乡村地区的总人口。乡村人口包含特定的社会属性和自然属性。在社会属性方面，乡村人口表现出不同于城镇人口的特定的婚姻、家庭、文化、职业构成等规律；在自然属性方面，乡村人口则表现出不同于城镇人口的特定的出生、成长、繁衍、衰老和死亡的生物性规律。分析和研究乡村人口，通常是以乡村人口的年龄结构、性别结构、职业结构、教育结构以及家庭人口规模等为主要的研究点。

其实，在社会发展过程中相当长的时间内，乡村人口在全国总人口中一直占据较大的比重，大约占总人口的 70% ～ 80%。后来，随着城镇化进程的不断加快，乡村人口的比重逐渐降低。根据第七次全国人口普查的数据可知，我国人口总数为 14 亿 1 178 万人，其中，居住在城镇的人口为 90 199 万人，占 63.89%；居住在乡村的人口为 50 979 万人，占 36.11%。与 2010 年相比，城镇人口增加 23 642 万人，乡村人口减少 16 436 万人，城镇人口比重上升 14.21 个百分点。由此可见，我国的城镇化建设已经取得了非常大的成就，但乡村人口仍旧占着较大的比重，所以研究乡村人口仍然是非常有必要的。

（二）乡村婚姻与家庭

婚姻通常指为一定社会制度所确认的男女两性互为配偶的结合，这种结合形成了一种特定的社会关系，即夫妻关系[①]。从某种意义上来说，婚姻也可以看作一种社会制度。在封建社会时期，乡村男女青年没有对自己婚姻做主的权利，基本都是由父母包办，这种包办式的婚姻从性质上来看属于他人婚姻行为，婚姻当事人往往缺乏情感基础。中华人民共和国成立后，提倡自由恋爱和婚姻自由，包办婚姻被废除。对于当代的乡村青年来说，婚姻不再是为完成传宗接代的任务，而是个体追求幸福的一个重要途径。

家庭则是以婚姻关系、血缘关系或领养关系为纽带而形成的社会共同生活体。对于乡村社会而言，家庭是最小的单位，可以将其看作乡村社会的细胞，无数的细胞组成了乡村这个大社会。在中华人民共和国成立之后，随着乡村经济的不断发展，乡村家庭无论是在结构上，还是在功能上，抑或是在家庭关系上，都开始发生变化。关于这一点，钟涨宝在其主编的《农村社会学》一书中便有总结："我国农村家庭目前在结构上呈现出类型核心化、规模小型化、发展多元化等特点；在功能上呈现出生产互助功能减弱，赡养、政治、教育功能弱化，生育功能退化等特点；在家庭关系上呈现出夫妻关系成为家庭核心、女性在家庭中的地位上升、子辈在家庭中地位提高、家庭关系日益平等特点。"[②] 由此可见，乡村家庭在结构、功能和家庭关系等方面的变化总体呈现向好的趋势，这为乡村的发展提供了有力的支撑。

（三）乡村经济

乡村经济是指包括乡村物质资料生产过程中的经济关系、经济活动规律及其应用，以及村民作为乡村市场主体，在生产、分配、交换、消费活动中产生的各种经济社会关系。由此可见，乡村经济是一个非常大的概念，它包含乡村中产生的各种经济社会关系。乡村经济是我国经济的重要组成部分，它不仅从微观上影响着乡村居民的生活，也从宏观上影响着中国经济的发展，所以乡村经济一直是一个非常重要的话题。

① 刘伟民．中国式婚姻报告[M]．广州：广东科技出版社，2009：1.

② 钟涨宝．农村社会学[M]．北京：高等教育出版社，2010：99.

自改革开放以来，经过40多年的发展，我国乡村经济得到了显著的发展。2020年，我国脱贫攻坚战取得了全面的胜利，现行标准下9 899万农村贫困人口全部脱贫，832个贫困县全部摘帽，12.8万个贫困村全部出列，区域性整体贫困得到解决，完成了消除绝对贫困的艰巨任务。2021年3月22日，为了巩固脱贫攻坚的成果，进一步推动乡村振兴，中共中央国务院颁布了《关于实现巩固拓展脱贫攻坚成果同乡村振兴有效衔接的意见》(以下简称《意见》)。《意见》指出："脱贫摘帽不是终点，而是新生活、新奋斗的起点。打赢脱贫攻坚战、全面建成小康社会后，要在巩固拓展脱贫攻坚成果的基础上，做好乡村振兴这篇大文章，接续推进脱贫地区发展和群众生活改善。""全党务必站在践行初心使命、坚守社会主义本质要求的政治高度，充分认识实现巩固拓展脱贫攻坚成果同乡村振兴有效衔接的重要性、紧迫性，举全党全国之力，统筹安排、强力推进，让包括脱贫群众在内的广大人民过上更加美好的生活，朝着逐步实现全体人民共同富裕的目标继续前进。"随着乡村振兴战略的逐步深入，乡村的经济也必然会实现更快的发展。

（四）乡村政治

在中华人民共和国成立初期，我国乡村实行政社合一的人民公社制度，在该制度下，乡村出现了由公社、生产大队、生产队、生产小组组成的权力结构，并形成以计划经济和集体经济为基础的党政体制。这种体制在乡村早期的经济发展中发挥了一定的作用，但在后来发展的过程中，却逐渐显露出一些弊端，阻碍了乡村经济的发展。1983年，中共中央、国务院印发了《关于实行政社分开、建立乡政府的通知》(以下简称《通知》)，《通知》指出，要将政社分开，乡村应走村民自主的道路。1998年，第九届全国人民代表大会常务委员会第五次会议通过《中华人民共和国村民委员会组织法》，我国乡村自此正式走上了自治的道路。

2005年，《中共中央关于制定国民经济和社会发展第十一个五年规划的建议》指出，要遵循"生产发展、生活宽裕、乡风文明、村容整洁、管理民主"的原则，稳步推进新农村建设。其中，管理民主是新农村建设的政治保障，因为只有完善村民自治制度，才能真正让农民当家作主，也才能调动农民的政治积极性，从而提高新农村建设的效率。

2017年，党的十九大报告首次提出乡村振兴战略，指出农业农村农民问题是关系国计民生的根本性问题，必须始终把解决好“三农”问题作为全党工作的重中之重，实施乡村振兴战略。乡村振兴战略的总体要求可归纳为20个字：产业兴旺、生态宜居、乡风文明、治理有效、生活富裕。其中，“治理有效”是基于“管理民主”而言的，它在强调治理的民主性的基础上，还强调治理的效果，目的在于使乡村更加有序、安定与和谐。此外，“治理”与“管理”虽然只是一字之别，但却是乡村管理理念的一次重大改革，是治理模式包括权力配置和行为方式的一种深刻的转变。

（五）乡村文化

乡村文化通常指乡村居民和乡村自然环境之间相互作用而创造出的事物及其现象的总和[①]。乡村文化一般可分为物质文化和非物质文化两种。乡村物质文化主要指乡村的生活工具、生活服饰、居住的房屋、劳动工具以及手工艺品等物质形态的文化；非物质文化则主要指乡村的道德伦理、风俗习惯、民间信仰、民间歌舞等有历史价值或艺术价值或精神价值的非物质形态的文化。此外，乡村文化还可分为显性文化和隐性文化两类。显性文化通常指风俗民情、传统工艺、文化艺术以及衣食住行等物质层面可视的文化；隐性文化则指道德伦理、审美价值、民间信仰以及村规民约等不可视的文化。在乡村的物质文化与非物质文化之间、乡村的显性文化与隐性文化之间所蕴藏的深刻内涵，正是乡村居民生产生活的价值观，也展现了一种乡村范围内特有的共同价值观念。

乡村文化是在乡村发展过程中逐渐积淀形成的，蕴含深刻的文化价值和深厚的文化内涵。当然，乡村文化并不是一成不变的。随着时代的发展，乡村文化也在不断发展，尤其在进入现代社会后，乡村文化发展的速度在不断加快。就事物发展的规律而言，新的事物替代旧的事物是历史的必然（否定之否定规律），但面对优秀的乡村文化，我们应该以保护为基础，以在传承中寻求发展为原则，加强对乡村文化的保护和传承。关于这一点，在《乡村振兴战略规划（2018—2022年）》（以下简称《规划》）中便有论述。《规划》指出，优秀农耕文明源远流长，寻根溯源的人文情怀和国人的乡村

① 邓福康．新时代美丽乡村与人居环境［M］．长春：吉林大学出版社，2020：208.

情结历久弥深，现代城市文明导入融汇，乡村振兴具有深厚文化土壤。但在工业化、城镇化以及外来文化和现代文化的冲击下，农耕文化和农耕传统呈现出空心化的发展趋势。乡村生存空间也不断受到工业化和城市化过程带来的挤压和侵蚀，农耕文化的保护和传承迫在眉睫。因此，要划定乡村建设的历史文化保护线，保护好文物古迹、传统村落、民族村寨、传统建筑、农业遗迹、灌溉工程遗产，支持戏曲曲艺、少数民族文化、民间文化的传承发展，完善非遗保护制度等内容。当然，在保护和传承乡村文化的过程中，要正确认识乡村文化的内涵和价值，不能将优秀的乡村文化和落后的、封建的乡村文化混淆。

与此同时，为了加强乡村文化建设，进一步丰富乡村文化，丰富乡村居民的文化生活，《中共中央 国务院关于实施乡村振兴战略的意见》第五部分重点强调，要“繁荣兴盛农村文化，焕发乡风文明新气象”，其中，针对乡村公共文化建设，要求要“按照有标准、有网络、有内容、有人才的要求，健全乡村公共文化服务体系。发挥县级公共文化机构辐射作用，推进基层综合性文化服务中心建设，实现乡村两级公共文化服务全覆盖，提升服务效能。深入推进文化惠民，公共文化资源要重点向乡村倾斜，提供更多更好的农村公共文化产品和服务”。

总之，在保护和传承乡村文化的基础上，还需要加强乡村公共文化建设，提升村民的精神风貌，培育文明乡风，从而不断提高乡村社会的文明程度。

（六）乡村社会保障

乡村社会保障通常指以法律为依据，国家、社会组织或个人对暂时失去或永久丧失劳保能力，以及由于各种原因导致生活困难的农户给予物质帮助的一种社会保障制度，主要包括乡村社会福利、乡村社会救助、乡村医疗保障、乡村社会保险、乡村优抚安置等。乡村社会保障在保障村民基本生活质量上发挥着重要的作用，而且该制度源远流长，早在古代农业文明时期便已经存在。随着现代社会制度的形成与完善，乡村社会保障制度也随之发生了变化。当代乡村的社会保障，已经基本实现了从单一性、狭隘性到综合性、公共性的转变，其保障能力也得到了极大的提升。

对于党和政府而言，加强乡村社会保障制度建设，一直是乡村工作的重点。改革开放后，随着我国经济实力的不断增强，乡村社会保障体系也在不断完善，尤其在社会救助、乡村养老、医疗保障等方面，取得了非常显著的成效。2015 年，中共中央办公厅、国务院办公厅印发了《深化农村改革综合性实施方案》(以下简称《方案》)。《方案》指出，要建立覆盖城乡的基本医疗卫生制度，整合城乡居民基本医疗保险制度；健全全国统一的城乡居民基本养老保险制度，完善待遇确定和正常调整机制；推进最低生活保障制度城乡统筹发展；加强农村留守儿童、妇女、老人关爱服务体系建设等。2021 年，国家医疗保障局联合民政部、财政部、国家卫生健康委、国家税务总局、银保监会、国家乡村振兴局印发了《关于巩固拓展医疗保障脱贫攻坚成果有效衔接乡村振兴战略的实施意见》(以下简称《实施意见》),《实施意见》指出，要坚持以人民为中心，坚持共同富裕方向，持续完善脱贫人口待遇保障政策，巩固拓展医疗保障脱贫攻坚成果，确保政策有效衔接、待遇平稳过渡、制度可持续；与此同时，还要坚持健全多层次医疗保障体系，夯实基本保障制度基础，完善三重制度综合保障政策，统筹推进医疗保障和医疗服务高质量协同发展，整体提升农村医疗保障和健康管理水平。在上述一系列政策的引导下，我国乡村的社会保障体系也在不断地趋于完善。

（七）乡村社会组织

乡村社会组织通常指为实现一定社会职能、完成特定社会目标、按照一定形式而建立的共同活动的群体。乡村社会组织是在乡村发展的过程中逐渐形成的。从法律的角度去看，我国现阶段乡村的社会组织大致可分为两个类型：一类是依据法律建立的社会组织，如政治组织、群体组织、经济组织等；另一类是村民自发组织起来各种组织团体，该类组织团体没有获得法律认可，主要为了满足村民某方面的社会生活需要。

总体而言，当前我国乡村的社会组织还存在着规范程度较低、法律不健全、资源缺乏等问题，所以有必要从政策、法律、人才培训、资源投入等方面加快乡村社会组织的建设工作。

第三节　乡村发展的演进

中华人民共和国成立以来，中国乡村经历了复杂的演进过程。不同学者针对中国乡村发展演进研究的视角存在一定的差异，有学者集中论述了乡村制度变迁与发展的关系，有学者则侧重于梳理乡村发展的历史始末及其逻辑。笔者在综合分析相关文献资料的基础上，将乡村经济的发展作为一个重要的因素，并通过综合各研究视角，总结出中国乡村发展演进的五个阶段，如图 1-3 所示。

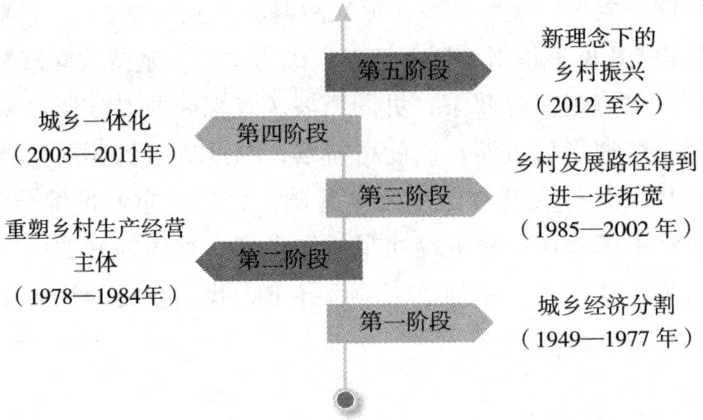

图 1-3　中国乡村发展演进的五个阶段

一、第一阶段　城乡经济分割（1949—1977 年）

在中华人民共和国成立之后，中国开始实施工业化战略。围绕工业化这一宏大的目标，中国确立了政府主导型的发展模式，即通过国家计划，实现工业化资本的积累。为此，中国制定了城乡二元产业政策、二元就业政策及农业生产合作化等一系列的政策。这些政策在促进我国工业化的发展中发挥了重要的作用，也在一定程度上促进了乡村农业的发展，但这些政策也使得城乡被分割成了两个相对独立的经济社会系统，具体体现在如下三个方面。

（一）体现在产业体系上

城市以工业发展为主，乡村则以农业发展为主，形成了二元产业结构。在这种二元产业结构的影响下，乡村工业的发展受到极大的局限，即便是农产品加工业也不能在乡村发展，而是要将农产品输送到城市进行加工，这使得农业产业链中的产供销、贸工农各环节被分割，且几经反复，影响了农业产业的发展。

（二）体现在要素配置上

国家实行了计划配置，包括城乡隔离的二元就业政策和二元户籍管理制度，在一定程度上割裂了城乡之间的要素市场。在工业化的进程中，由于工业的劳动生产效率高于农业的劳动生产效率，使得工业劳动的收入高于农业劳动，吸引着很多乡村的劳动力开始向城市转移，进而增大了城市的就业压力。为了确保农村的劳动力可以留在农村，我国在 1958 年制定了城乡二元户籍管理制度，以此来截断农村劳动力向城市转移的路径。城乡隔离的二元就业政策和二元户籍管理制度，使得城乡之间的劳动要素被分割开来。

（三）体现在城乡财政上

国家实行了城乡二元结构体制，这一制度主要体现在两个方面：一是在税收上实行二元财政供给制度，乡村农业的税收和城市的工业税收采取两种制度；二是在财政支出上实行二元财政供给制度，乡村的基础设施和社会事业主要由村民承担，城市的基础设施和社会事业主要由政府的财政负担。财政上的二元财政供给制度在一定程度上导致了乡村和城市的非均衡发展。

在当时的历史条件下，城乡的分割对于实现工业化具有比较积极的意义，也在一定程度上促进了城市的发展，对于乡村的发展而言，也具有一定的意义，但不可否认的是，城乡发展的二元化也在一定程度上限制了乡村的发展，这一点我们必须要认识到。

二、第二阶段　重塑乡村生产经营主体（1978—1984 年）

我国实施改革开放政策后，开始在解放思想、实事求是的思想路线下重塑乡村生产经营的主体，促使乡村形成了新的发展格局和新的发展路径。具体而言，该阶段乡村的发展主要有如下四个特点。

（一）重塑充满生机和活力的农户经济

1978 年，在解放思想、实事求是的思想路线下，安徽省凤阳县小岗村首创了大包干，开启了我国乡村重塑充满生机和活力的农户经济的道路。1982 年，中央一号文件针对家庭承包经营等各种责任制进行了明确，自此，全国各地开始普遍实行家庭承包经营等各种责任制，农民生产的积极性得到了极大的提高，乡村踏上了重塑充满生机和活力的农户经济的道路。

（二）实行政社分设

改革开放前，中国实行的是政社合一的体制，改革开放后，中国逐渐走上了政社分设的道路。1982 年 12 月召开的第五届全国人大五次会议针对乡村的基层政权做了明确的规定，指出人民公社只是乡村集体经济的一种组织形式。自此，乡村政社分设的工作开始加快推进，到 1985 年，乡村政社分设的工作基本完成，乡村自此进入了政社分开的新阶段。

（三）行政管理方式发生了变革

在实行政社分开政策之后，很多乡村基层组织涣散，管理不力。在这一背景下，一些乡村开始实行自我管理，并取得了不错的成效。1982 年，国家将村民委员会写入《宪法》，村民委员会的法律地位得到了确定，各乡村也纷纷成立村民委员会，自此，村民委员会成了乡村行政管理系统中不可或缺的部分。

（四）乡村的产业逻辑发生了变革

在改革开放前，农业几乎占据了乡村产业的全部。改革开放后，乡村在全面发展农业的同时，还积极探索其他产业的发展。在这一阶段，农业依旧是乡村的支柱性产业，但第二产业和第三产业开始获得发展，丰富了乡村的产业形式，改变了乡村的产业逻辑，促进了乡村经济的发展。

三、第三阶段　乡村发展路径得到进一步拓宽（1985—2002年）

1985年，我国全面实施农产品统派购制度改革，这是继家庭联产承包责任制之后的第二步大改革，在这一改革机制下，乡村发展路径得到了进一步的拓宽。

（一）开启了乡村农业社会化服务的新路径

1991年，国务院颁布了《关于加强农业社会化服务体系建设的通知》，这标志着这我国乡村正式开启了农业社会化服务的道路。该阶段的农业社会化服务具有如下特点：①农户对社会化服务的需求变得更加多样；②服务组织变得更加多元；③农户的社会化服务主要是通过市场获得的。

（二）乡村工业化路径得到了拓宽

1984年之后，针对乡村工业的发展，国家出台了一系列的支持政策，有效推动了乡村工业的发展，使得乡村的工业化路径得到了拓宽。比如，在农产品统派购制度的支持下，乡村企业可以直接通过市场去购买生产所需要的农产品原料，大大提高了乡村企业原料的购入效率，使乡镇企业获得了快速的发展。

（三）开启了乡村农产品经营的新路径

在乡村农业获得了快速发展的同时也出现了一些问题，其中比较突出的一个问题就是农户的小规模生产和大市场的对接不畅。为了解决这一问题，政府提出了“企业＋农户”的模式，即企业和农户之间实行订单生产，农户根据企业的需求生产农产品，农户生产的农产品便有了稳定的售卖渠道，而企业也可以比较稳定地获得其所需要的农产品。当然，“企业＋农户”的模式也存在缺点，即企业和农户之间存在利益上的博弈，而农户作为相对弱势的一端，其利益往往会被压缩。

四、第四阶段　城乡一体化（2003—2011 年）

进入 21 世纪，中国现代化建设进入一个新的阶段，而城乡一体化是该阶段我国现代化建设的一个主题。长期以来，中国城乡处于二元发展的状态，城乡一体化就是为了改变城乡的二元经济结构，使城乡实现各方面发展上的互补，进而实现城乡经济的协调和全面发展。

2005 年，中共十六届五中全会明确提出要建设社会主义新农村。党中央强调要用工业反哺乡村，用城市支持乡村，从而实现城市与乡村的协调发展。在城乡一体化这一宏观政策的指导下，城乡之间的人口、资源、技术等元素开始融合，并且城市和乡村之间互为市场、互相服务，有力地促进了乡村经济的发展，使得城乡之间的经济差距开始缩小。与此同时，乡村基础设施建设工作稳步推进，乡村社会保障工作也取得了重大进展，村民的生活水平持续提高。

五、第五阶段　新理念下的乡村振兴（2012 至今）

自中国共产党第十八次全国代表大会以来，为了实现全面建成小康社会的目标，解决国家经济发展中出现的结构性矛盾、经济质量不高等问题，我国实施了供给侧结构性改革。在这一过程中，我国始终将“三农”问题作为全党工作的重中之重，并强调乡村的统筹发展，从而进一步推进社会主义新农村建设。2017 年，中国共产党第十九次全国代表大会提出了乡村振兴战略，其最终目标是要实现乡村的全面振兴。

乡村振兴战略的总体要求可归纳为 20 个字：产业兴旺、生态宜居、乡风文明、治理有效、生活富裕。与 2005 年社会主义新农村建设提出的总体要求（生产发展、生活宽裕、乡风文明、村容整洁、管理民主）相比，在内容表述上多有不同，如表 1-1 所示。

表1-1　乡村振兴战略与社会主义新农村建设的总体要求的对比

乡村振兴战略的总体要求	社会主义新农村建设的总体要求	二者总体要求的对比
产业兴旺	生产发展	生产是永恒的话题，但在不同的阶段和层次，其表述也不同；“发展”一般用于初级阶段，“兴旺”多用于较高层次。由此可见，“生产发展”到“产业兴旺”的转变体现的是层次的升级
生态宜居	村容整洁	“村容整洁”属于静态层面的概念，指的是乡村环境干净、整洁，但对于居住而言，干净和整洁是远远不够的；而“生态宜居”从静态层面上升到动态层面，不止关注乡村环境的干净、整洁，更关注乡村整体生态环境的建设，旨在给村民带来一种“宜居”感
乡风文明	乡风文明	乡村文明属于文化建设层面的内容，乡村文明建设是一个长期、系统的过程，需要长期坚持，所以其内容没有变动
治理有效	管理民主	“治理有效”依旧强调治理的民主性，这一点是不变的。不同的是，“治理有效”也同时强调管理的效果，旨在使乡村更加和谐、安定和有序。此外，“治理”与“管理”虽然只是一字之别，但却是管理理念的一次重大改革，是治理模式包括权力配置和行为方式的一种深刻的转变
生活富裕	生活宽裕	经过十几年的经济发展，乡村经济实现了持续的增长，农民的收入也在不断增加。2020年，中国脱贫工作取得了巨大的成果，广大农民的生活已逐渐达到“宽裕”的标准，所以“富裕”将成为新的要求与目标

由上述对比可知，乡村振兴可以看作社会主义新农村建设的升华版，其所指向的内容和总体要求更加符合乡村发展的现状，也更加符合国家发展的总体战略。如今，我们已实现了乡村振兴战略的第一个目标任务，未来，随着乡村振兴战略的深入推进，乡村终将会实现全面的振兴。

第四节　乡村发展的任务

关于乡村发展的任务，笔者从政治、文化、农业及生态四个方面进行了分析，认为乡村发展至少包含如下四项任务（见图1-4）。

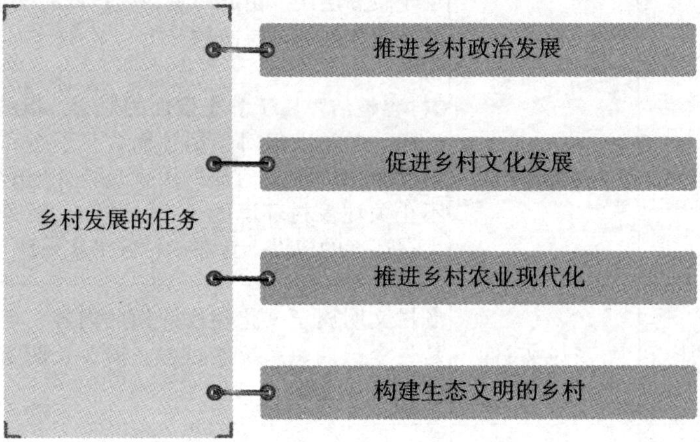

图1-4　乡村发展的任务

一、推进乡村政治发展

（一）中国乡村政治发展的任务

中国乡村的政治发展是国家政治发展的一部分，中国乡村政治的发展需要服从于国家政治发展，但由于乡村有其特殊性，所以中国乡村政治的发展又需要结合乡村的特点，符合乡村政治发展的规律。就我国政治发展的大方向及我国乡村发展的现状来看，乡村政治发展的任务大致可归纳为乡村基层民主、乡村群众自治和乡村政治持续稳定三项。

1. 乡村基层民主

乡村基层民主是指乡村基层组织实行民主决策、民主选举、民主管理和民主监督，同时实行政务和村务的公开，即“四个民主、两个公开”。乡村基层民主是我国社会主义政治体制改革的一项重要内容，是以民主理念为根本设计的。作为一种具有现代意义的民主制度，它有效保证了广大村民参与国家和社会事务管理的权利。

乡村基层民主作为一种现代治理模式，其民主化的价值取向充分地显现了出来，具体表现在如下三个方面。

（1）村民委员会的成员由村民选举产生，而不是由村主任任命。这种方式增强了村民的参与感，也增强了村民委员会成员的政治合法性，这对于增强乡村政治活力具有非常积极的作用。

（2）《中华人民共和国村民委员会组织法》针对村民委员会的组成和职责、村民委员会的选举、村民会议和村民代表会议、民主管理和民主监督等进行了明确，村民可以依据《中华人民共和国村民委员会组织法》履行自己的职责。

（3）村民可以制定村民自治章程，将一些制度转化为村民可以理解的内容，从而提高村民自治的效率。

2. 乡村群众自治

乡村群众自治也是乡村政治发展的一个重要任务，它是基于乡村基层民主这一制度发展的。乡村群众自治有其自身特点，了解其特点，对于我们进一步认识乡村群众自治具有重要的意义。关于其特点，主要体现在如下三个方面。

（1）自治的民主性。从某种层面上来看，自治与民主其实属于两个政治范畴。自治的主体不对人数做限制，只要是村民自己处理自己的事务，便属于自治；而民主则意味着要服从多数人的意志。我国乡村的民主自治将民主和自治有机融合了起来，既强调通过民主实现村民权利的伸张，又强调通过村民的自治实现村民对乡村政治事务和社会事务的参与。

（2）自治的群众性。依据《中华人民共和国村民委员会组织法》可知，乡村居民委员会属于群众性自治组织，村民委员会的权力来自广大的乡村群众，所以自治的主体归根到底是乡村群众。对于政府而言，政府可以对村民委员会的工作进行指导和帮助，但不能直接干预。

（3）自主的有限性。在乡村群众自治中，由于村民普遍存在文化水平较低、参与政治事务和社会事务能力较弱的问题，所以乡村群众自治不可避免地带有了有限性的特点，这时便需要政府的指导和帮助。

3. 乡村政治持续稳定

政治稳定通常指政治体系中的各种政治力量相对平衡，社会政治生活有序进行。从某种意义上来说，只有政治稳定，才能更好地发展经济和文化，所以维持乡村政治的持续稳定也是乡村政治发展的一个重要任务。其实，从国家针对乡村实施的一系列措施中也可以看出，乡村具有政治持续稳定的深厚基础。

（1）国家选择乡村作为民主政治建设的生长点蕴含着对乡村政治持续稳定目标的关照。随着乡村的发展，越来越多的村民具有了较强的自治意识，为了使村民的自治意识得到充分的发挥，政府在 1998 年第九届全国人民代表大会常务委员会第五次会议通过《中华人民共和国村民委员会组织法》，这标志着我国乡村自此正式走上了自治的道路。而随着村民参与乡村自治积极性的提高，乡村政治也变得愈加稳定。

（2）乡村政治制度设计充分考虑了乡村政治稳定因素。村民的政治认同是影响乡村政治稳定性的一个重要因素，所以在设计乡村政治制度时，政府对村民的政治认同进行了充分的考虑。政治认同来自哪里？一方面是来自政府全心全意为村民服务的行为；另一方面是来自村民的自治权利。从政府的一系列政策中，我们可以看到政府始终坚持和践行着全心全意为人民服务的宗旨。与此同时，政府也赋予了村民自治的权利，并制定了《中华人民共和国村民委员会组织法》，以此来保障村民自治的权利。在上述两项举措下，村民的政治认同始终处于一个较高的水平，这为乡村政治的持续稳定奠定了重要的基础。

（二）中国乡村政治发展的具体策略

通过剖析我国乡村政治发展的现状，笔者认为中国乡村政治的发展可从如下四个方面做出思考。

1. 乡村基层民主发展的根本是落实村民民主权利

从民主的形式层面去看，乡村基层民主主要体现在基层政权民主、社会民主和党内民主三个方面，它是直接民主和间接民主的统一；从民主的内容层面去看，乡村基层民主主要体现在乡村民主制度的完善、乡村民主制度运行的流畅以及乡村民众民主素质的提高。当然，从根本上讲，村民是否真正拥有了民主的权利才是衡量乡村基层民主程度的重要标准。如果村民民主的权利没有得到真正的落实，那么制度再好也只会流于形式，不能真正发挥作用。因此，要真正推动乡村基础民主的发展，政府首先要做到落实村民民主的权利，从而为乡村民主化奠定坚实的基础。

2. 扩大村民的制度化政治参与，减少村民的非制度化政治参与

村民作为社会构成的主体之一，是我国政治发展不可缺少的要素[①]。当前，村民的政治参与主要存在两种形式：一种是制度化政治参与，另一种是非制度化政治参与。所谓制度化政治参与，是指村民合法、有序的政治参与。广大的村民群众通过制度化的政治参与，可以使自己的民主权利得到充分的发挥，从而推动乡村政治的良性发展，所以要扩大村民的制度化政治参与。而非制度化的政治参与，则是指村民无序的政治参与，是一种非常不合法的政治参与，而无序的政治参与由于效率非常低下，对乡村政治的发展没有积极的作用，所以应减少村民非制度化的政治参与。

3. 提升村民群众的政治素质

村民的政治素质是村民政治意识、政治心理的综合体现，包含政治态度、政治认知、政治情感等诸多方面。对于一个政治系统而言，它既需要包含“硬件”，也需要包含“软件”，各种政治制度属于“硬件”，而政治文化属于“软件”，如果没有良好的政治文化（软件）相匹配，即便政治制度（硬件）再好，政治系统也不能良好地运转。因此，在建设政治制度的同时，还要重视政治文化的建设。提升村民群众的政治素质指向的便是政治文化的建设。当然，村民政治素质的提升是一个较为漫长的过程，不可能一蹴而就，所以需要政府开展形式多样的宣传活动和培训活动，从而逐渐提升村民的政治素质。

4. 提高乡村社会组织的自主性、合法性和互助性

提升乡村社会组织的自主性、合法性和互助性有助于促进乡村政治的良性发展。自主性是乡村社会组织非常重要的一个特征，如果失去这一特

① 丁云，杨桂宏，阚和庆，等. 当代中国农民政治参与 [M]. 北京：知识产权出版社，2011：12.

征，乡村社会组织的政治参与也将变得没有任何意义。合法性是指乡村社会组织的成立、运行都需要遵守法律法规，不能为了谋取利益而做出无视法律的行为。互助性主要体现在两个方面：一方面是指乡村社会组织之间应该互相帮助，当某一乡村社会组织遇到困难时，其他的乡村社会组织应及时予以帮助；另一方面是乡村社会组织之间应该寻求有效的合作，各自发挥自身的优势作用，这样可以取得 $1+1+\cdots+1 > n$ 的效果。

二、促进乡村文化发展

乡村文化是乡村的构成要素之一，促进乡村文化发展是乡村发展的一个重要任务。关于乡村文化发展的方向，笔者认为可以体现在物质文化发展和非物质文化发展两个方面。

（一）乡村物质文化的发展

乡村的物质文化主要指乡村的生活工具、生活服饰、居住的房屋、劳动工具以及手工艺品等物质形态的文化。乡村物质文化的发展主要体现在两个方面：一方面是对传统物质文化的传承和发展，另一方面是现代物质文化的建设。乡村传统物质文化是乡村长期发展过程中形成的文化，具有重要的历史意义，虽然有些物质文化已经退出了历史的舞台，但仍旧应该将其保留，并传承下去。而对于一些具有现代意义的传统物质文化，可以将其融入乡村现代物质文化的建设中，这样不仅有助于乡村传统物质文化的传承和发展，还有助于丰富乡村现代物质文化的内涵。此外，乡村现代物质文化的建设还需要走现代化的道路，如乡村的信息化建设。如今，我们已进入信息化时代，信息化建设已成为乡村物质文化建设中的一项重要内容，同时，这也是推动乡村振兴不可或缺的一个物质支撑，所以乡村的信息化建设必不可少。总之，乡村物质文化的发展要同时着眼于传统物质文化和现代物质文化，不可偏废，这样才有助于实现乡村物质文化的全面发展。

（二）乡村非物质文化的发展

乡村的非物质文化则主要指乡村的道德伦理、风俗习惯、民间信仰、民间歌舞等有历史价值、艺术价值或精神价值的非物质形态的文化。乡村非物质文化的发展也主要体现在两个方面：一方面是传统非物质文化的传承和发展，另一方面是现代精神文化的建设。

乡村传统非物质文化包含的内容非常广泛，而且不同地域的乡村的非物质文化也存在差异，所以乡村非物质文化的传承和发展是一项非常复杂和系统的工程。因此，国家首先需要站在宏观视角上对乡村传统非物质文化的传承和发展进行统筹规划，并出台相应的指导政策和支持政策，从而确保乡村传统非物质文化的传承和发展能够有计划、有方向地进行。在此基础上，各地结合其乡村的非物质文化特色，制定具有针对性的引导和支持政策，从而更有效率地促进乡村传统非物质文化的发展。

在传承和发展乡村传统非物质文化的基础上，还需要结合我国乡村振兴的目标，构建符合时代发展需求的精神文化。随着村民生活水平的不断提高，村民精神文化上的需求越来越强烈。传统的非物质文化虽然能够在一定程度上满足村民的精神文化需求，但在现代社会，村民的精神文化需求越来越多样，仅仅依靠传统非物质文化已经很难完全满足广大村民的精神文化需求，所以加强乡村的精神文化建设至关重要。在建设乡村现代精神文化时，需要以物质文化建设为基础，以社会主义核心价值观为指导，结合村民精神文化方面的实际需求，进一步加强乡村的精神文化建设。与此同时，还可以和乡村传统非物质文化结合起来发展和加强乡村的精神文化建设，促进乡村传统非物质文化的传承和发展。

三、推进乡村农业现代化

随着科学技术的发展及其在农业中的应用，农业进入一个新的发展阶段。构建现代农业体系，推进农业的现代化，自然而然地成为乡村发展的一个重要任务。

（一）现代农业的内涵与基本特征

1.现代农业的内涵

现代农业是相对传统农业而言的。第二次世界大战结束后，现代农业迅速发展，很多国家都实现了农业现代化，使农业的价值得到了进一步的释放。随着我国经济的发展和科学技术的不断进步，建设现代化的农业也成了一个重要的课题。早在2007年中共中央国务院颁布的《关于积极发展现代农业扎实推进社会主义新农村建设的若干意见》中便已经提出，要利用现代物质条件装备农业，用现代科学技术改造农业，用现代产业体系提升农业，用现代经营形式推进农业，用现代发展理念引领农业，用培养新型农民发展农业，提高农业水利化、机械化和信息化水平，提高土地产出率、资源利用率和农业劳动生产率，提高农业素质、效益和竞争力。如果对现代农业的内涵做进一步的剖析，可以从如下两点做出思考。

（1）现代农业是以科学技术为支撑的。现代农业是随着科学技术的发展而发展的，并且随着科学技术的创新而产生新的飞跃。如今，信息技术实现了快速的发展，并且在农业中的应用也越来越广泛。未来，随着信息技术在农业中应用的深入，必然会进一步促进农业的发展。

（2）现代农业以产业化为重要途径。我国在20世纪90年代便提出了农业产业化的发展道路，这是现代农业和传统农业在本质上的一个重要区别。在传统农业中，农业生产大多是以家庭为单位的，现代农业虽然依旧存在小农模式，但规模化、产业化是现代农业发展的趋势，同时也是现代农业发展的一个重要途径。

2. 现代农业的基本特征

现代农业作为以科学技术为支撑发展起来的农业，具有如下三项基本特征。

（1）科学技术的广泛应用。如前文所述，现代农业的发展是以科学技术为支撑的，所以从某种程度上来说，现代农业发展的过程其实就是科学技术在农业中广泛应用的过程，也可以看作科学技术改造传统农业的过程。如今，农业的生产、加工、营销等各个环节都渗透了科学技术，所以科学技术的广泛应用是现代农业的一个基本特征。

（2）市场化程度的日趋成熟。社会主义市场经济体制是我国经济发展的基本制度，农业作为我国产业中的重要组成部分，自然需要在社会主义市场经济体制下发展。现代农业的一个基本特征就是以市场经济制度为指导，坚持以市场需求为导向，采取专业化生产和一体化经营的方式，不断调整和优化农业的结构，从而不断提高农业生产的效率。

（3）产业体系日臻完善。完善的产业体系是现代农业发展的一个重要目标，同时也是现代农业的一个基本特征。随着现代农业的发展，农业的产业体系已经突破了传统农业的生产领域，不断向其他领域延伸，如生物化工领域、能源领域、医药领域。农业体系的日臻完善是产业融合发展的一个重要体现。未来，随着产业融合的进一步深化，现代农业体系也将会实现进一步的完善。

（二）推进乡村农业现代化的路径

要推进农业现代化，必然直面现代农业发展中存在的问题，并以培育新型职业农民、优化农业结构等为切入点，构建完善的农业产业体系、生产体系、经营体系、农业支持保护制度及农业社会化服务体系。

1. 构建完善的农业产业体系

现代农业产业体系是产业横向拓展和纵向延伸的有机统一，重点解决农业资源要素配置和农产品供给效率问题，是现代农业整体素质和竞争力的显著标志①。现代农业产业体系的建设离不开科学技术的支撑，在此基础上，还需要做到如下三点。

（1）不断提高乡村粮食生产能力。粮食生产能力的提高有赖于科学技术的发展，所以现代农业体系的建设要重视高新技术的应用。与此同时，还需要大规模地推进农业相关基础设施的建设，从而为农业产业体系的建设提供必要的保障。

（2）加快推进农业产业结构的优化。调整农业种植结构，除了一些常见的农作物（如玉米、小麦等），还可以支持一些优势产区种植大豆、油菜、棉花等农作物。此外，对当地的农业规模及环境承载力进行统筹考虑，对于适宜的地区，可以推广粮改饲和种养结合模式，发展畜牧业。与此同时，还可以发展特色经济林和林业经济。

（3）确保农产品质量安全，促进农业产业的可持续发展。农产品的质量安全一直是人们关心的一个话题，这也是影响农业产业可持续发展及其体系构建的一个重要因素。为了确保农产品的质量安全，政府应完善农业标准，强化农业生产的安全管理，并依靠信息技术建立可追溯的质量安全

① 韩长斌. 构建三大体系 推进农业现代化[J]. 中国食品，2016（11）：88-91.

信息平台。与此同时，提高化肥农药施用的精准度，将化肥和农药对环境的危害降到最低；对于有条件的乡村，可以开展耕地质量保护行动，建设农业可持续发展示范区。

2. 构建完善的农业生产体系

现代农业生产体系构建的目的是解决农业生产效率相关的问题，主要是通过生产技术和生产手段结合的方式去解决。现代农业生产体系的构建可从如下三个方面做出思考。

（1）强化农业生产的科技支撑，建立完善的现代农业科技体系。科技是现代农业发展的一个重要支撑，政府应持续强化农业生产的科技支持，如支持农业科技项目、构建农业科研中心、鼓励农业科技创新等。

（2）加快农业机械化建设。农业机械化是现代农业的一个重要标志，它对于解决农业生产效率相关问题具有非常重要的意义。当前，有些乡村仍然没有实现机械化的生产，政府要进一步加快农机服务产业化的进程，拓宽农机化服务的领域，从而使更多的乡村实现农业机械化。

（3）推进农业信息化的建设。在加快农业机械化建设的同时，政府还需要同步推进农业的信息化建设，积极推进“互联网 +”现代农业的模式，以此来解决农业生产效率的相关问题，并实现农业全产业链的升级。

3. 构建完善的农业经营体系

农业现代化的实现也需要完善的农业经营体系的支撑，所以在构建农业产业体系和农业产生体系的基础上，还需要构建完善的农业经营体系。现代农业经营体系的构建可以从如下两方面做出思考。

（1）发展多种形式的适度规模经营。我国乡村的户数为 2.68 亿，户均耕地不足 7 亩（1 亩 =666.6 m^2），这种规模的农业经营通常效率较低，所以完善现代农业经营体系的一个策略就是发展多种形式的适度规模经营。以一年两熟地区的乡村为例，耕地达到 50 ～ 60 亩的规模便产生了规模效益。就当前我国乡村农业经营的现状来看，在未来的一段时间内，小规模经营和适度规模经营将处于并行的状态。

（2）培育新型的经营主体，健全政策体系。现代农业需要发展多种形式的适度规模经营，在此基础上，还需要培育壮大专业大户、家庭农场、农民合作社、农业企业等新型经营主体，推动企业经营、集体经营、合作经营、家庭经营共同发展。为了提高新型经营主体培育的效率，政府需要在金融、保险、用地等方面制定相应的政策，加大对新型经营模式的支持和引导力度，从而使更多的村民在新型的经营模式中获得更多的增值收益。

4. 构建健全的农业支持保护制度

构建健全的农业支持保护制度旨在保障农产品的供给、实现农业的可持续发展及促进村民增收。就当前乡村农业发展的现状来看，农业支持保护制度的构建可以从如下四个方面做出思考。

（1）持续增加农业投入。现代农业发展需要持续的投入，为了实现这一点，政府应在优化财政支出结构的基础上，构建现代农业投入稳定增长机制。此外，政府还可以在原有投入渠道的基础上，开辟新的投入渠道，以此来保证资金的充足。

（2）完善农产品收储制度。农产品的收储作为农产品生产中的一个重要环节影响着农业现代化的建设，因此，针对农产品的收储制定支持保护制度非常有必要。基于这一认识，政府应科学确定粮食等重要农产品的储备规模，改革完善粮食储备管理体制和吞吐调节机制，引导流通、加工企业等多元化市场主体参与农产品收储，推进智慧粮库建设和节粮减损。

（3）完善农产品价格制度。农产品价格制度的完善是现代农业支持保护制度中的重要内容，它也是保障村民持续增收、保障农业稳定发展的一个重要因素。农产品价格制度的完善需要处理好各种关系，包括不同农产品间的价格关系、农产品投入产出的价格关系、农产品期货与现货间的价格关系，以及国内农产品与国际农产品的价格关系等。

（4）创新农业金融服务。基于乡村现有的农业金融服务体系，应尽快构建和完善以商业金融、合作金融和政策性金融互为补充的更加完善的乡村农业金融服务体系。

5. 构建完善的农业社会化服务体系

农业社会化服务体系是现代农业发展的重要支持，尤其随着各类新型农业经营主体的兴起，对社会化服务的需求也越来越大。因此，在农业现代化的建设过程中，必须构建覆盖全程、便捷高效的社会化服务体系。完善的农业社会化服务体系通常包括公共服务机构、合作经济组织、企业及其他社会力量，主要是为农业生产提供产前、产中、产后全过程的配套性服务。在上述组织中，不同的组织发挥着不同的作用，缺一不可，缺少了任何一个组织，都会影响农业社会服务体系的完善。此外，健全农业社会化服务体系，还需要创新服务机制，拓展农业社会化服务形式，促进社会化服务从农业生产单个环节向生产全程服务转变，从小规模分散服务向大规模整建制服务转变，从资源消耗型生产方式向集约型现代农业生产方式转变，推进农业全程机械化、规模化、集约化发展，改善农业生态环境，提高农业生产效率，增强农业综合生产能力。

四、构建生态文明的乡村

（一）生态文明的内涵

生态文明指人类遵循人、自然、社会和谐发展这一原则而取得的物质与精神成果的总和。生态文明强调人类生存环境中各要素的和谐，包括人与自然的和谐、人与社会的和谐以及人与人的和谐。从某种意义上来说，生态文明是人类文明发展到一定阶段的结果，它不属于某种文明形态，也不属于某种文明阶段，而是基于工业文明（我们现在正处于的文明阶段）发展起来的一种文明理念。在工业文明时代，人类实现了工业化、城市化、民主化和法制化，但人类对地球资源的消耗和污染也在急剧加速，因此，发展可持续发展的循环经济成为人类经济发展的一个重要目标，而生态文明的理念便是在这样的背景下形成的。

另外，我们还可以将生态文明看作社会文明的一个面。社会文明包含政治文明、物质文明、精神文明等，生态文明主要指向自然与社会生态，相较于政治文明、物质文明、精神文明，其囊括的范围更广，对人类发展所产生的影响也更加深远。因此，认识生态文明，并在生态文明的理念下构建生态文明的乡村，是当代乡村发展的一个重要任务。

（二）生态文明乡村构建的措施

关于生态文明乡村构建的措施，笔者基于对生态文明内涵的认知以及国家对生态文明乡村的要求，总结了四个可供思考的方向：基于政策制定的方向、基于发展理念的方向、基于资源循环利用的方向、基于科技创新与应用的方向。

1. 基于政策制定的方向

国家政策是乡村发展的指南针，为了更好地引导生态文明乡村的建设，政府需要制定相关的政策，为生态文明乡村的建设提供保障。其实，在乡村振兴战略中便提及了生态文明乡村建设，并将“生态宜居、乡风文明”作为乡村振兴的要求。由于不同地区的乡村发展存在差异，所以针对生态文明乡村建设，各级政府还需要结合实际情况制定更为具体的适宜的举措来指导生态文明乡村的建设工作。

2. 基于发展理念的方向

生态文明其实属于一种文明理念，从这个层面上来看，生态文明乡村也可以看作一种文明理念，只有让人们认可这一文明理念，才能够使生态文明乡村的构建形成坚实的群众基础。因此，在建设生态文明乡村的过程中，政府需要加大生态文明理念的宣传和教育工作，并将生态文明和人们的生活紧密联系起来，让村民认识到构建生态文明乡村的重要性，进而能够支持甚至投身于生态文明乡村的建设中。

3. 基于资源循环利用的方向

资源是影响生态文明乡村构建的一个重要因素。生态文明乡村的一个重要标志就是资源的回收循环利用，这样不仅可以降低对环境的污染，也可以提高资源的利用率。因此，政府应该以就地消纳、能量循环、综合利用为主线，采取政府支持、市场运作、社会参与、分步实施的方式，注重县乡村企联动、建管运行结合，着力探索构建农业废弃物资源化利用的有效治理模式，从而不断提高乡村资源的回收和综合利用率。

4. 基于科技创新与应用的方向

科技在生态文明乡村的建设中也发挥着非常重要的作用，尤其随着科技的创新及其在乡村的广泛应用，其所发挥的作用越来越明显。具体而言，科技在生态文明乡村建设中的作用主要体现在如下几个方面。

（1）新型环保肥料的开发。在农作物种植中，化肥是不可缺少的物资之一，但化肥对土壤资源和水资源有一定的危害，而研发新型环保的化肥，无疑有助于降低化肥对土壤资源和水资源的危害。

（2）生物农药的研制。在农作物种植中，为了预防和治疗病虫害，很多时候需要使用农药，但农药会对生态环境造成一定的危害，而研究生物农药，可以降低农药对生态环境的危害，这对于生态文明乡村的构建具有非常积极的意义。

（3）生态环境修复技术的突破。在乡村发展的过程中，生态环境不可避免地会遭到一定程度的破坏，建设生态文明乡村必须修复这些被破坏的生态环境。当前，我国已在生态修复技术方面取得了重要突破，如微生物修复技术、植物修复技术、复合型修复技术等，这些技术在实践中取得了较好的成效。未来，随着生态环境修复技术的突破，其在生态文明乡村的建设中将发挥更加积极的作用。

（4）农业废弃物处理技术的提高。农业废弃物处理及其有效利用是资源循环利用中的重要内容。对于乡村而言，农业废弃物在乡村废弃物中占很大的比重，如果能够有效地处理农业废弃物，对于构建生态文明乡村具有非常积极的意义。以农业废弃物中常见的秸秆为例，作为农业生产最大的副产品，传统的处理方式主要是焚烧或丢弃，这种方式对生态环境的危害较大。如今，秸秆综合利用技术的不断成熟（如燃料技术、肥料技术、工业原料技术、饲料技术、食用菌基料技术等），使秸秆得到了有效的利用，最大程度地减少了秸秆焚烧、丢弃对生态环境造成的危害。

第二章　乡村振兴：探索与思考

第一节　乡村振兴战略的实施

一、乡村振兴战略实施的着力点

实施乡村振兴战略，是党的十九大作出的重大决策部署，是决胜全面建成小康社会、全面建设社会主义现代化国家的重大历史任务。乡村振兴战略坚持农业农村优先发展，目标是按照产业兴旺、生态宜居、乡风文明、治理有效、生活富裕的总要求，建立健全城乡融合发展体制机制和政策体系，加快推进农业农村现代化。基于这一认识，乡村振兴战略的实施应该将重点放在五个方面：乡村产业、乡村人才、乡村文化、乡村生态和乡村组织，这五个方面相互独立，又相互联系、相互支持，共同推动着乡村振兴战略的实施，如图 2-1 所示。

（一）乡村产业

产业是经济发展的基础，缺少了产业的支撑，经济的发展必然乏力，所以乡村产业是实施乡村振兴战略的一个着手点。

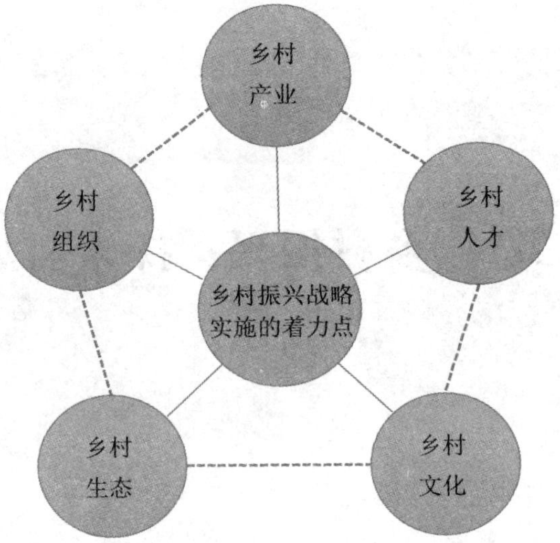

图 2-1　乡村振兴战略实施的着力点

1. 乡村产业的内涵

产业通常指由利益相互联系的、具有不同分工的、各个相关行业所组成的业态总和。以我国目前的发展态势来看，我国产业基本划分为三大类：第一产业、第二产业和第三产业。第一产业主要指生产食材及其他一些生物材料的产业，包括种植业、林业、畜牧业、水产养殖业等直接以自然物为生产对象的产业（泛指农业）；第二产业主要指加工制造产业（或指手工制造业），利用自然界和第一产业提供的基本材料进行加工处理的产业；第三产业是指第一、第二产业以外的其他产业（现代服务业或商业），范围比较广泛，主要包括交通运输业、通信产业、商业、餐饮业、金融业、教育业、公共服务等非物质生产部门。乡村作为国家组成的有机体，乡村产业自然也包含上述三大产业，只是与城市相比，在产业占比上有所不同。在乡村产业中，第一产业的占比无疑最大。当然，随着乡村振兴战略的推进及乡村新产业新业态模式的发展，乡村第一、二、三产业也开始出现融合发展的趋势，这使得乡村产业的内涵变得愈加丰富。

2. 乡村产业的类别

乡村产业的类别非常丰富，在三大产业划分的基础上，可以将乡村产业划分为农产品加工业、手工业、建筑业、运输业和农村商业五大类别。

（1）农产品加工业。农产品加工业指对农林牧渔产品进行加工活动的生产部门，如食品加工、饮料制造、服装制造等都属于农产品加工业。在传统的农产品加工业中，大多依靠手工或简单的工具，但随着工业技术的发展及其在乡村农产品加工业中的应用，工业技术极大地促进了乡村农产品加工业的发展。

（2）手工业。手工业指通过手工或借助简单工具从事小规模生产的工业。手工业在发展之初是和农业紧密联系在一起的，即农民将农产品进行简单的加工，或者采用手工的方式制作一些简单的农用工具或装饰品，用以满足自己生活的需求。经过第二次社会大分工，手工业才逐渐从农业中分离出来，形成了独立的产业。如今，人们对手工制作产品的兴趣日益浓厚，而手工业在生产日用消费品、创作艺术珍品、满足人民的物质与文化生活需要、增加就业机会、促进国民经济发展等方面发挥着越来越重要的作用，未来，随着手工业市场消费潜力的进一步释放，手工业在支撑乡村振兴方面的作用也将会得到进一步的增强。

（3）建筑业。建筑业指从事土木工程、房屋建设和设备安装等工作的生产部门，是乡村经济发展和产业结构调整的主要内容。建筑业在其发展的过程中经历了“泥瓦匠—建筑队—建筑企业”的过程，逐渐趋于规模化和专业化。在进入21世纪后，随着我国乡村第一、二、三产业的融合发展，建筑业也从传统的住宅服务向乡村民宿、休闲旅游等综合服务性的模式转变，这使得建筑业的内涵变得愈加丰富。

（4）运输业。运输业主要包括客运和物流两个方面。客运是针对人而言的，即将人从一个地方运送到另一个地方。随着乡村道路设施的不断完善，乡村客运覆盖的地区越来越多，效率也越来越高。相较于客运而言，物流的重点在于“物”，即将物品从一个地方运送到另一个地方。物流同客运一样，道路设施是一个重要的影响因素，随着乡村道路设施的完善，乡村物流覆盖的范围也变得更加广泛，尤其随着农村电商的发展，在市场巨大需求的刺激下，农村物流得到了进一步的发展。

（5）农村商业。农村商业以广大的村民为消费主体，是释放村民消费欲望的重要场所，如农贸市场、超市、供销社。传统的农村商业具有讨价还价、信赖熟人、就近购买等特点，其最早是古代社会的以物换物的形式，货币出现后形成了以币换物的形式，并一直延续了数千年。如今，随着信息技术的不断发展，新技术、新理念催生了新的商业模式，农村电商便是其中最具代表性的一种商业模式。农村电商的出现促进了乡村产业结构的完善，推动了农村商业的发展，进一步释放了乡村的消费潜力，同时也促进了村民收入的提高。未来，随着农村电商的发展，乡村的商业结构将会得到进一步的完善，而农村电商也将会成为实现乡村振兴的一个重要载体。

（二）乡村人才

乡村振兴，人才是关键。无论是乡村产业的发展，还是乡村文化的传承，人都是根本，所以人才是乡村振兴战略实施的一个关键着力点。

1. 乡村人才的概念

乡村人才有狭义和广义之分。狭义的乡村人才指乡村本地的人力资源；广义的乡村人才则不对人才的地域进行限制，即只要能够在乡村发光发热，投身于乡村建设的人才都可以称为乡村人才。本书所论述的乡村人才是广义上的乡村人才，如城市下乡人才、到乡村创业人才、大学生村干部等，都属于乡村人才的范畴。

2. 乡村人才的类别

从人才的类别上看，乡村人才主要分为两大类：农业科技人才和乡村实用人才。

（1）农业科技人才。农业科技人才则指受过职业培训或专业教育，掌握了农业专业知识和技能，专门从事农业科研、教育、推广服务等专业性工作的人，如农机人才、农业科研人才、农业技能服务人才、农业技术人才、农业技术推广人才等都属于农业科技人才的范畴。农业科技人才是乡村人才体系中的重要组成部分，他们在乡村的农业发展上发挥了重要的作用。

（2）乡村实用人才。乡村实用人才是指具有一定知识和技能，能为乡村的生产经营、乡村经济建设，以及乡村教育、文化、科技、卫生等各项事业提供服务的人才，主要包括专业型人才、生产型人才、经营型人才、技能型人才、管理型人才和服务型人才等六类。

①专业型人才。专业型人才指从事乡村医疗、乡村教育等公共服务领

域的专业技术人才，这些人才掌握了专业性的知识与技能，如乡村教师、乡村卫生技术人员等。

②生产型人才。生产型人才指在种植、加工、养殖等领域起到一定示范作用，且能够帮助村民增加收入的生产能手，如乡村中常常提到的“种植能手”“加工能手”“养殖能手”等。

③经营型人才。经营型人才指从事农业经营、农民合作组织等生产经营活动的劳动者，如农民专业合作社负责人、农村经纪人、农业生产服务人才等。

④技能型人才。技能型人才指掌握某种技能的实用性人才，如乡村中常见的木匠、石匠、泥瓦匠等。

⑤管理型人才。管理型人才指在乡村治理中发挥重要作用的人员，如大学生村干部、“两委”成员、驻村干部等。

⑥服务型人才。服务型人才指在乡村文化、体育、社会保障等领域提供服务的各类人才，如社会工作人员、文体艺术工作者、维修技术人员等。

（三）乡村文化

文化振兴是乡村振兴的重要基石，所以乡村振兴战略的实施要以乡村文化作为一个着力点，提升乡村社会的文明程度，推进乡村文化的传承和发展，从而筑牢乡村振兴的文化之魂。

1.乡村文化的概念

乡村文化具有丰富的内涵，所以不同学者对乡村文化概念的界定也存在差异。周军认为，乡村文化是在乡村社会中形成的以农民为主体，以群众文化娱乐活动为主要形式，以乡村社会的知识结构、乡风民俗、行为方式、社会心理、价值观念为主要内容的文化[①]。蒋占峰、李红林认为，乡村文化涉及农民的思维模式、文化水平、价值观念、人生追求、处世态度、生活方式等深层心理结构，反映了农民的心灵世界、人格特征与文明开化程度[②]。江华认为，乡村文化是乡民创造的精神财富和乡民满足精神需求方

① 周军.中国现代化与乡村文化建构[M].北京：中国社会科学出版社，2012：6.

② 蒋占峰，李红林.农村文化建设视野中农民幸福感重建探究[J].长白学刊，2011，4（1）：157-159.

式的总和。乡村文化的主体是乡民，他们生活在乡村中，形成了与乡村的生产方式、生活方式和思维方式相适应的一整套精神生产与消费的过程[①]。

综合不同学者对乡村文化的论述及笔者对乡村文化的认知，笔者认为乡村文化是指由乡村居民在长期生产、生活中形成的生活习惯、心理特征和文化习性，是乡村居民的信仰、风俗、观念、操守、习惯、传统、礼节和行为方式的总和，主要包括农村精神文明、农耕文化、乡风文明等。

2. 乡村文化的形态

乡村文化具有丰富的内涵，其包含的内容也非常丰富，笔者从其形态的角度进行分析，将其分为物态文化、精神文化和制度文化三种形态。

（1）物态文化。物态文化是乡村文化的物态表现，主要指乡村中可感知、可触知的实体事物及相关的文化，包括饮食、手工艺品、景观等。以乡村景观为例，作为乡村物态文化中的重要组成部分，乡村景观包含的内容非常丰富，如自然景观、人文景观、农业生产景观等都属于乡村景观的范畴。

（2）精神文化。精神文化是指乡村作为一个稳定的共同体所具有的共同的心理结构与情感反应模式，并通过某种特殊的形式反映出来，如民间艺术、节日习俗等。精神文化作为乡村文化的重要组成部分，在丰富村民精神文化生活方面发挥了重要的作用。与此同时，精神文化也为广大的村民提供了精神上的寄托。

（3）制度文化。制度文化是乡村地区在长期发展过程中形成的一种礼仪规范和伦理道德，主要包括权利制度、伦理制度和礼仪制度。在乡村发展的过程中，制度文化在维护乡村稳定方面发挥了重要的作用。当然，在现代社会，无论是乡村的权利制度，还是乡村的伦理制度，抑或是乡村的礼仪制度，都需要在法律的约束下传承和发展。

（四）乡村生态

生态美是乡村的底色。在乡村振兴战略中，打造生态宜居的乡村是一个重要目标，所以乡村振兴战略的实施除了要关注乡村的产业、人才和文化，还需要关注乡村的生态。何谓乡村生态，它是指与乡村居民密切相关

① 江华. 文化哲学与文化建设[M]. 北京：国家行政学院出版社，2015：106.

的、影响乡村居民生产生活的各种环境的总和。乡村生态主要由农业环境、自然生态环境和人居环境组成。

1. 农业环境

农业属于第一产业，在乡村产业中占有非常重要的地位，同时它也是乡村生态环境的重要组成部分。随着农业技术的发展，绿色农业逐渐成为人们关注的一个重点话题。绿色农业通过农业生物技术、生态物质循环、营养物综合管理技术等将农业生产和生态环境保护协调起来，从而在促进农业发展的同时，也对生态环境起到一定的保护作用。由此可见，要实现乡村生态的振兴，就需要走绿色农业之路。

2. 自然生态环境

自然生态环境是指自然界影响生物生存与发展的一切外界环境条件的总和[①]。具体到乡村，自然生态环境则是指农业环境和人居环境之外的自然界中的生态环境。自然生态环境是乡村生态的重要组成部分，保护和修复自然生态环境是乡村生态振兴的一项重要内容。

3. 人居环境

人居环境是指村民居住的环境，这也是乡村生态的重要组成部分。人居环境不仅影响着乡村整体的生态环境，而且也影响着村民的居住体验，所以针对人居环境进行治理（如乡村垃圾治理、乡村污水处理等），是乡村生态振兴中的一项重要内容。需要注意的是，此处所指的人居环境是狭义上的人居环境，如果从广义的角度去看，整个乡村的生态环境都影响着村民的居住体验，都可以看作人居环境。

（五）乡村组织

1. 乡村组织的内涵

乡村组织通常指乡村的基层组织，它是乡村振兴战略实施的基础单元，也是乡村振兴战略实施的动力引擎。乡村组织一般指村党支部和村民委员会，但在强调协同共治的今天，乡村组织的内涵也变得愈加丰富，还包含了乡村经济组织和乡村社会组织。这些组织作为乡村组织的重要组成部分，在乡村的治理中发挥着越来越重要的作用。

① 刘敦荣. 旅游商品学概论 [M]. 2 版 . 北京：首都经济贸易大学出版社，2018：225.

2. 乡村组织的构成

通过上面对乡村组织内涵的论述可知，乡村组织主要由村党支部、村民委员会、乡村经济组织和乡村社会组织构成。

（1）村党支部。村党支部是党在社会基层组织中的战斗堡垒，担负着服务群众、凝聚人心、促进乡村和谐发展的重任。村党支部是乡村治理结构中的核心，它既要领导和推进村级民主管理、民主决策、民主监督，又要保障广大村民的利益。

（2）村民委员会。村民委员会是我国地区乡（镇）所辖的行政村的村民选举产生的群众性自治组织，通常由主任、副主任和委员 3 ～ 7 人组成。村民委员会是村民自我管理、自我服务的基层群众性自治组织，在乡村治理中也发挥着非常重要的作用。

（3）乡村经济组织和乡村社会组织。乡村经济组织包括私营企业、股份合作企业、港澳台商投资企业、民营科技企业、外商投资企业、个体工商户、混合所有制经济组织等各类非国有集体独资的经济组织，乡村社会组织是指社会团体和民办非企业单位的统称。在乡村的现代治理中，乡村经济组织和乡村社会组织发挥着越来越重要的作用，已成为乡村组织振兴中的一项重要内容。

二、乡村振兴战略实施的基本框架

乡村振兴战略的实施应该以目标为指引，在重点关注前面论述的五个着力点的基础上，进一步构建乡村振兴战略实施的基本框架。

2017 年，中央农村工作会议明确了实施乡村振兴战略的目标任务：2020 年，乡村振兴取得重要进展，制度框架和政策体系基本形成；2035 年，乡村振兴取得决定性进展，农业农村现代化基本实现；2050 年，乡村全面振兴，农业强、农村美、农民富全面实现。如今，乡村振兴已经取得重要进展，而构建乡村振兴战略实施的基本框架，对于指导乡村振兴战略的实施具有非常积极的意义。图 2–2 是笔者构建的乡村振兴战略实施的基本框架。由图 2–2 可知，乡村振兴战略应当以乡村产业、乡村人才、乡村文化、乡村生态和乡村组织为五个着力点，同时同步实施三个路径，最终推动乡村振兴战略目标的实现。笔者在前文已经对五个着力点进行了论述，下面对三个路径做具体的阐述。

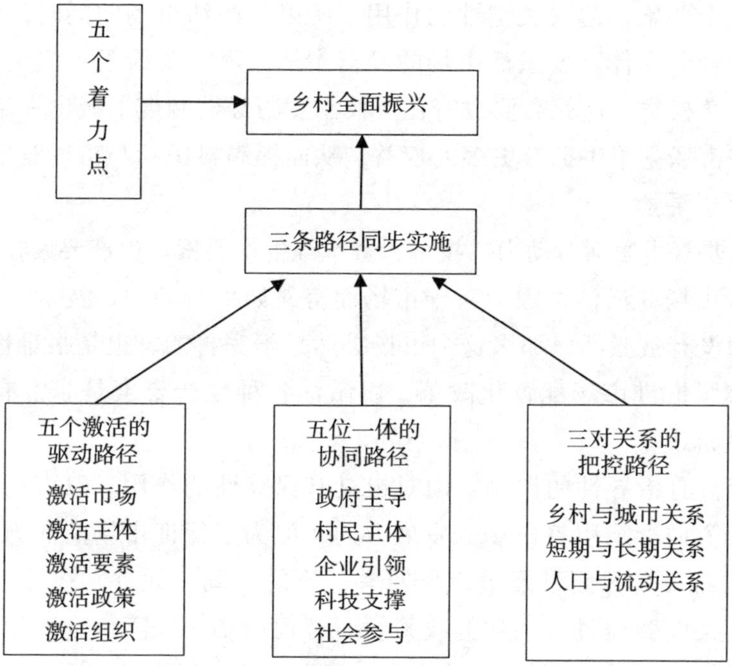

图 2-2　乡村振兴战略实施的基本框架

（一）五个激活的驱动路径

五个激活指激活市场、激活主体、激活要素、激活政策和激活组织，这五个激活是实施乡村振兴战略的一个重要路径，主要通过深化改革来实现。

1. 激活市场

市场在乡村振兴中发挥着重要的作用，尤其在产业振兴中发挥的作用更加明显，所以首先要激活市场。激活市场主要从两个方面着手。一方面，是推进发挥市场机制作用与功能的改革，即以完善产权制度和要素市场化配置的改革为重点，实现产权有效激励、要素自由流动、价格反应灵活、竞争公平有序、企业优胜劣汰；另一方面，是在发挥政府职能的基础上，给予市场一定的自由，确保市场有较多的发挥空间，进而使市场得到激活。

2. 激活主体

此处所说的主体主要是指市场中的经营主体。市场经营主体作为乡村市场中的一个要素，起着关键性的作用，所以在激活市场的同时，也需要激活市场的经营主体。要激活市场的经营主体，就需要给予主体更多的经营权力和财产权益，这就需要政府在产权制度与经营制度上做出一定的改革，使村民在市场竞争中拥有更多的权益，从而提高村民参与市场竞争的动力。

3. 激活要素

激活要素指激活劳动力、技术、资本等生产要素。生产要素在很大程度上影响着市场的激活，因为对于市场而言，如果劳动力、技术、资本这些生产要素没有被激活，那么这个市场必然是不完善的，也是很难被激活的。因此，继续推进市场配置化改革，以激活各种生产要素是非常有必要的。

4. 激活政策

政策具有指导性的作用，同时也具有保障性的作用。以市场为例，政策在宏观方向上指引着市场的发展方向，但为了保证市场的活力，政策不能完全左右市场，而是要给市场留有一定的空间。此外，在“市场失灵”时，政府又能够通过一系列的政策暂时替代市场，保障市场安全渡过“失灵期”，待“市场有效”时，政府再将权力交还市场本身。因此，激活政策也是非常有必要的。

5. 激活组织

就乡村组织的本质而言，它既是乡村振兴中的一个重要主体，同时也是一种制度，所以乡村组织的激活既涉及主体又涉及制度。不同的乡村组织代表着不同的主体，而且与其相关的制度也不同，所以在激活组织时，要针对不同的组织制定不同的策略。

（二）五位一体的协同路径

五位一体中的“五位”，是指政府主导、村民主体、企业引领、科技支撑和社会参与。乡村振兴战略的实施是一项系统的工程，仅仅依靠某一主体很难实现，需要多主体的有机协同。

1. 政府主导

政府作为广大人民群众的主心骨和领路人，在乡村振兴战略的实施中发挥着主导性的作用。具体而言，政府的主导作用主要体现在两个方面：制导和引导。关于政府的制导作用，可以从宏观和微观两个方面解读：从宏观方面来看，制导主要指中央政府针对乡村振兴战略的实施制定的宏观规划，以确保乡村振兴战略的实施始终朝着正确的方向前进；从微观方面来看，制导则指各级政府在宏观规划的指导下制订更为具体的实施计划。引导是政府制导作用的进一步延伸，即政府依据具体的实施计划，对村民或乡村组织进行引导，包括示范引导、投入引导等。

2. 村民主体

在乡村振兴战略的实施中，虽然要始终以政府为主导，但村民才是最主要的主体力量。我国的制度体系是“人民当家作主”，但由于一些历史因素的影响，很多村民对这一点的认识并不深入，这就导致很多村民的社会责任感比较薄弱。因此，政府应加强相应的宣传与教育，让更多的村民认识到自己不仅是家庭的一份子，同时也是乡村的一份子，更是国家的一份子。此外，政府还需要进一步优化村民的主体结构，提高村民的组织化程度，以此来进一步发挥村民的主体作用。总之，政府应积极引导每一位村民参与乡村振兴，使每一位村民都能够成为推动乡村振兴战略实施的重要力量。

3. 企业引领

企业在乡村振兴中也发挥着一定的引领作用，具体体现在小农引领和产业融合引领上。小农引领是指以企业为龙头，将分散的小农联结起来，改变传统小农一家一户单打独斗的生产现状，实现小农户和大服务的对接，并形成规模化的农业生产模式；产业融合引领是指企业发挥引领作用，带领村民立足于农业发展新型产业，并逐步促进产业的融合。当前，产业融合已经成为产业发展的一个趋势。农业作为乡村的支柱型产业，它始终是乡村发展的一个重要支撑，但在产业融合的背景下，立足于第一产业发展新型产业，并推动产业的融合，这对于促进乡村的发展具有非常重要的意义。因此，当地企业应肩负起一定的社会责任，发挥其引领作用，推动乡村产业的发展及产业的融合，从而推动乡村实现更好的发展。

4. 科技支撑

在乡村振兴中，科技发挥着重要的作用，如果缺少了科技的支撑，乡村发展的速度将是缓慢的。因此，乡村振兴战略的实施还需要科技的支撑。当前，农业现代化是农业发展的一个目标，而农业现代化的实现离不开科技的支撑。以新疆的棉花产业为例，新疆棉花占全国棉花产量的87.3%，如此大规模的棉花生产，没有非常高的机械化率是难以支撑的。比如，新疆阿克苏地区沙雅县，种植约200万亩的棉花，该县采取“企业+合作社+农户”的方式，采用大面积机械化管理，播种时使用卫星导航无人驾驶系统进行精准播种，相比传统播种方式，可节约50%的棉种，提高土地利用率3%以上。又如，新兴的休闲旅游产业，在互联网技术的支撑下，实现了快速的发展，进一步带动了乡村经济的发展。

5. 社会参与

乡村振兴是一个社会性话题，它影响着每一位中国人。乡村振兴中的社会参与不单单指乡村中的村民，也包括城市中的每一位居民。具体而言，社会参与的主要力量包括但不限于企事业单位、社会团体、民间组织与志愿者；社会参与的方式包括但不限于合作参与、自主参与、协同参与等；社会参与的主要内容包括但不限于服务参与、援助参与、创业参与、投资参与等。社会力量的参与能够进一步推动乡村的振兴，政府应予以鼓励和引导，同时提供必要的保障，以此来吸引更多的社会力量参与乡村振兴。

（三）三对关系的把控路径

乡村振兴战略的实施还需要把控好三对关系，即乡村与城市的关系、短期与长期的关系、人口与流动的关系。

1. 乡村与城市的关系

乡村振兴战略立足于“城乡统筹”的战略思维，提出了“城乡融合”的城乡等值互补思维。“城乡融合”与“城乡统筹”虽然只有一词之别，但却体现了战略思维的重大转变。“城乡统筹”的出发点是发挥城市对乡村的带动作用，实现城乡的协同发展。在这个战略中，城市处于主导地位，乡村处于被领导的地位，二者是一前一后的关系。随着乡村的不断发展，城乡之间的关系需要做出改变，“城乡融合”就是在“城乡统筹”基础上提出的一种新型的城乡关系。“城乡融合”旨在建立城市与乡村价值等值、功能互补基础上的良性互动关系，城市乡村之间不再有“前”“后”之分，也不再有谁带领谁之说，而是各自发挥其不可替代的功能，实现各种资源要素的高质量双向流动，进而实现城乡的共生发展。

2. 短期与长期的关系

乡村振兴是一项系统、长期的工程，不可能一蹴而就，操之过急，要有计划、有目的的稳步推进。针对乡村振兴，党中央在提出乡村振兴战略时便制订了三步走的计划：①到 2020 年，乡村振兴取得重要进展，制度框架和政策体系基本形成；②到 2035 年，乡村振兴取得决定性进展，农业农村现代化基本实现；③到 2050 年，乡村全面振兴，农业强、农村美、农民富全面实现。这三步走的计划可以分别看作短期目标、中期目标和长期目标（短期目标如今已经实现），它也是党中央对乡村振兴战略实施过程中短期与长期关心把控的一种体现。当然，在具体的实施中，中期目标和长期目标还需要做进一步的细化，将其细分为一个个的短期目标，最终通过一个个短期目标的实现，逐步实现中期目标和长期目标。

3. 人口与流动的关系

关于城乡之间的人口流动，一直呈现着这样一种状态：中青年向城市流动较多，老人和孩子向城市流动较少；非迁移性的流动人口较多，迁移性的流动人口较少。导致乡村人才一直处于相对匮乏的状态。人才是实现乡村振兴的一个重要基础，如果缺乏了人才的支撑，乡村振兴战略的实施自然会受到影响。因此，在实施乡村振兴战略的过程中，需要把握好人口与流动的关系。当前，政府出台了一系列的人才返乡政策，旨在吸引更多的人才投身到乡村的建设中。在此基础上，政府还需要进一步推动城乡的融合发展，实现人口在乡村城市之间的自由流动，从而进一步实现对城乡人口与流动关系的把控。

第二节　乡村振兴基础建设

一、基础建设是推动乡村振兴的有效途径

乡村振兴中的基础建设主要指乡村的基础设施建设，它是乡村发展的

基石，推动乡村振兴的实现，首先需要重视乡村的基础设施建设。具体而言，乡村基础设施建设对乡村振兴的推动作用主要体现在如下几个方面。

（一）乡村基础设施有助于乡村产业的发展

乡村基础设施建设对乡村产业发展的推动作用不仅体现在农业产业上，还体现在非农产业上。

对于乡村农业产业来说，交通、水利、通信、电力等基础设施的完善都会对其发展产生积极的影响。首先，交通道路的完善能够提高物流的效率，乡村生产的农产品可以更快地运输出去，从而实现乡村农产品的经济价值。根据交通运输部印发的《农村公路中长期发展纲要》可知，到2020年年底，具备条件的乡镇和建制村通硬化路、通客车目标全面实现，基本形成了遍布农村、连接城乡的农村公路网络。未来，乡村的道路设施将会得到进一步的完善，其对乡村农业产业发展的推动作用也会得到进一步的凸显。其次，水利设施作为农业产业发展的一个要素，其完善可以大大提高农民种植的效率，进而促进农民收入的增加。再次，通信设施的完善有助于农民更快地获得市场信息，这对于促进农业和农村经济的商品化和市场化程度的提高具有非常积极的作用。最后，电力基础设施是支撑上述基础设施建设的关键，缺少了电力基础设施的支撑，上述基础设施的建设必然会受到影响，所以建设电力基础设施同样非常有必要。

对于乡村非农业产业来说，交通、通信、电力等基础设施的完善同样会对其发展产生积极的影响。乡村的非农业产业主要指第二产业和第三产业。随着乡村的发展，乡村第二产业和第三产业在乡村产业中的比重在逐渐增加，它们在促进乡村发展上发挥着越来越重要的作用。第二产业和第三产业的发展也离不开基础设施的支撑。以乡村第三产业中的乡村旅游产业为例，即便乡村有着再怡人的风景，如果没有完善的交通基础设施，其旅游产业也很难发展起来。而在交通基础设施完善的基础上，乡村还需要完善电力、通信、医疗等基础设施，这样有助于给游客带来良好的旅游体验，逐渐形成较好的口碑，进而促进当地旅游产业的发展。

总之，无论是乡村的农业产业，还是非农业产业，其发展都有赖于基础设施的完善，所以乡村振兴首先需要着眼于乡村的基础设施建设，从而为乡村的全面振兴奠定坚实的基础。

（二）乡村基础设施建设有助于改善乡村的人居环境

生态宜居是乡村振兴的一个目标，乡村基础设施建设在很大程度上影响着乡村的人居环境，由此可见，乡村基础设施建设还从生态宜居层面影响着乡村振兴的实现。基于这一认识，很多地方都加强了对基础设施建设的重视，以此来促进乡村的产业发展，并进一步促进乡村人居环境的改善。

例如，成都简阳市在2018年实施了《2018—2020年简阳市县乡道提升改造和村组道路三年建设计划》，旨在打通“断头路”，修好“产业路”，加快县乡道430 km升级改造，通村（通组）道路1667 km全力改善提升。同时，简阳开行公交微循环、延长客运线路、开行响应式客运服务等多种形式，行政村通公交（客运）率达100%，积极开展“四好农村路”成都市级示范县创建工作，以“四好农村路”为示范引领，提升简阳市农村公路整体运行水平。2020年，简阳市大力推进“乡乡连高速”（县道提档升级）项目建设，落实乡村振兴战略，践行富民强市工作路径，进一步推动交通基础设施建设及公共服务向村组延伸。如今，简阳农村公路基础设施水平、管理养护水平、运输服务水平得到了明显的提升，实现了城乡交通一体化，促进了城镇化进程，改善了农村居住环境和出行条件。

（三）乡村基础设施建设有助于扩大内需，促进乡村经济发展

乡村基础设施建设对于内需的扩大作用主要体现在两个方面：一方面，乡村基础设施的完善可以更好地将乡村和外界连接起来，包括现实空间的连接和虚拟空间的连接。在现实空间上，道路设施的完善方便了村民的出行，这在一定程度上刺激了他们到外界消费的欲望。在虚拟空间上，网络设施的完善使得村民上网变得更加便利，他们不仅可以通过网络看到外面的世界，还可以通过网络购物，这也在一定程度上促进了经济的发展。另一方面，乡村基础设施的完善还可以吸引更多的城市居民到乡村进行消费。当前，城市的社会生活节奏在不断加快，越来越多长期生活在城市中的居民渴望到乡村去享受片刻的宁静，但乡村基础设施的不完善却影响了城市

居民到乡村休闲的积极性，乡村基础设施的完善无疑有助于改善这一情况。随着到乡村进行消费的人次增多，乡村的经济必然会得到进一步的发展。

总而言之，乡村基础设施的建设可以同时拉动乡村和城市的内需，进而促进乡村经济的发展，这对实现乡村振兴具有非常重要的意义。

二、乡村振兴基础建设的主要内容

乡村振兴基础建设包含的内容很多，在此主要介绍其中的五项主要内容（见图 2-3）。

图 2-3　乡村振兴基础建设的主要内容

（一）乡村交通设施建设

俗话说“要想富，先修路”，这已经成为人们的一个共识。交通设施的完善不仅为村民的生活提供了便利，还有助于乡村人居环境的改善，并促进乡村产业的发展。因此，加快乡村交通设施建设，既是建设新农村的重要内容，也是全面落实科学发展观的必然要求。

1. 统筹规划，因地制宜

乡村交通设施的建设是一项系统的工程，政府需要从乡村经济社会发展实际出发，综合考虑国土资源有效开发和当地山、水、林、田的综合治理，并与城镇化要求相协调，有规划、有步骤、有重点地分步实施。2021 年，交通运输部印发了《农村公路中长期发展纲要》（以下简称《纲要》），

《纲要》制定的目的就是要科学指导全面建设社会主义现代化国家新征程阶段农村公路建设与发展，服务支撑乡村振兴战略实施。《纲要》立足于乡村公路的中长期发展，制定了乡村公路发展的中期目标和长期目标。

中期目标：到 2035 年，形成“规模结构合理、设施品质优良、治理规范有效、运输服务优质”的农村公路交通运输体系，“四好农村路”高质量发展格局基本形成。农村公路网络化水平显著提高，总里程稳定在 500×10^4 km 左右，基本实现乡镇通三级路、建制村通等级路、较大人口规模自然村（组）通硬化路；管理养护体制机制完备高效、资金保障政策机制完善有力；基础设施耐久可靠、安全防护到位有效、路域环境整洁优美；运输服务总体实现“人便于行”“货畅其流”，基本实现城乡公路交通公共服务均等化。农村公路对乡村振兴的服务保障和先行引领作用更加充分，人民群众获得感、幸福感、安全感明显增强，总体满足交通强国建设和农业农村现代化发展需要。

长期目标：到 21 世纪中叶，全面建成与农业农村现代化发展相适应、与生态环境和乡村文化相协调、与现代信息通信技术相融合、安全便捷绿色美丽的农村公路交通运输体系。农村公路通村达组、联通城乡，实现与特色小镇、美丽乡村、田园综合体、农业产业园区等融合发展，满足人们对农村出行的美好期望，有力支撑和促进乡村全面振兴，适应交通强国建设和农业农村现代化发展需要。

《纲要》是国家对乡村交通设施建设统筹规划的体现，但在具体的实施中，还需要各级政府结合当地乡村发展的实际情况，因地制宜，这样才能建成更加便捷高效的乡村公路网，进而为乡村的全面振兴提供有力的支撑。

2. 政府加大资金投入

资金是乡村交通设施建设的重要支撑，所以在统筹规划的基础上，政府还需要加大资金投入。交通运输部在 2021 年印发了《关于进一步加强农村公路建设管理更好服务巩固拓展脱贫攻坚成果同乡村振兴有效衔接的通知》(以下简称《通知》)，《通知》指出，各省级交通运输主管部门要高度重视农村公路建设管理，稳定农村公路有效投资规模，为更好地巩固拓展脱贫攻坚成果同乡村振兴有效衔接提供坚强的交通运输保障。《通知》还指出，各省级交通运输主管部门要科学确定建设标准，推进以乡镇及主要经济节点为网点的对外快速骨干农村公路建设；优化建设项目审批流程，简化报批内容、改进审批方式；强化要素保障，持续拓宽农村公路融资渠道，加大农村公路建设资金投入，保障项目实施。在政府政策的引导下，各级政府进一步加大了对乡村公路建设的资金投入。

3. 坚持可持续发展原则，走建、管、养并重之路

乡村交通设施的建设要以科学发展观为指导，坚持可持续发展的原则，走建、管、养并重之路。的确，乡村交通设施的建设不能只停留在建设上，还需要在建设的基础上重视交通设施的管理和养护。2020 年 3 月 9 日，交通运输部、财政部联合发布关于贯彻落实《国务院办公厅关于深化农村公路管理养护体制改革的意见》（国办发〔2019〕45 号，以下简称《意见》）的通知。《意见》指出，农村公路是服务“三农”的公益性基础设施，是实施乡村振兴战略的重要抓手，所以要加快建立农村公路管理养护长效机制。《意见》还进一步指出，各级政府要践行以人民为中心的发展思想，紧紧围绕实施乡村振兴战略和统筹城乡发展，以质量为本、安全至上、自然和谐、绿色发展为原则，深化农村公路管理养护体制改革，加强农村公路与农村经济社会发展统筹协调，形成上下联动、密切配合、齐抓共管的工作局面，推动“四好农村路”高质量发展，为广大农民群众致富奔小康、加快推进农业农村现代化提供更好保障。

在《意见》的指导下，成都市人民政府在 2021 年印发了《成都市深化农村公路管理养护体制改革实施方案》（以下简称《方案》）的通知，《方案》从三个方面进一步明确了乡村公路管理养护的政策，详细内容如表 2-1 所示。

表2-1　乡村公路管理养护的政策

管理养护政策	具体内容
完善农村公路管理养护体制	（1）加强市级统筹和指导监督 （2）严格落实区（市）县政府（管委会）主体责任 （3）充分发挥镇村两级作用 （4）积极发动农民群众参与
强化农村公路管理养护资金保障	（1）全面落实成品油税费改革资金 （2）加大财政资金支持力度 （3）严格资金使用监管 （4）积极探索投融资新路径

（续表）

管理养护政策	具体内容
建立农村公路管理养护长效机制	（1）全面推行“路长制” （2）完善养护生产组织模式 （3）推进养护市场化改革 （4）完善养护市场信用管理 （5）全面加强安全管理 （6）切实加强路政管理 （7）加快推进农村交通信息化建设 （8）开展“幸福美丽乡村路”创建工作

由表2-1可知，成都市人民政府分别从体制、资金保障和长效机制三个方面细化了乡村公路管理养护的政策，这些政策对于其他地区也具有一定的借鉴意义。

（二）乡村水电设施建设

水电与乡村居民的生活密切相关，而水电设施建设是乡村基础设施建设中的基础。

1. 扩大乡村饮水安全工程的覆盖面

水是生命之源，而让广大的村民喝上放心水，是乡村振兴的一个基本要求，这也是广大村民对美好生活的基本需求。近些年，通过大力实施乡村饮水安全工程，已经解决了大部分乡村吃水难、水质差的问题，但仍旧有一些乡村还存在饮水安全问题。因此，还需要进一步扩大乡村饮水安全工程的覆盖面，确保让更多的乡村便捷地用上水质好的自来水。

2. 推进乡村水电直供区电网改革

水电直供区电网作为乡村发展过程中的一个产物，存在用电可靠性较差、电能质量低等缺点。目前，一些乡村仍旧在使用水电直供区电网，而水电直供区电网已经越来越不能满足人们的需求，推进水电直供区电网的改革迫在眉睫。当然，要推进水电直供区电网的改革并非一件易事，需要政府先进行整体的统筹规划，然后进行试点，最后结合试点经验大范围铺开，实现乡村水电直供区电网的改造和升级。

（三）乡村医疗卫生设施建设

乡村医疗卫生设施建设是国家医疗卫生体系建设中的一项重要内容，它也是实现乡村振兴的一个重要基础。

1. 实事求是，科学制定发展规划

乡村医疗卫生设施的建设是一项复杂的工程，政府在制定本地区乡村卫生发展规划时，应立足于国家医疗卫生事业发展的大框架下，确保宏观方向的正确，然后结合当地的实际情况制定更具针对性的发展规划。在制定发展规划时，政府不仅要考虑乡村医疗卫生设施建设的数量、规模，还需要明确乡村医疗卫生机构的功能定位，这样才能使乡村医疗卫生设施的建设更具针对性，进而使乡村医疗卫生服务体系更加完善和规范。

2. 推动区域医疗卫生资源整合，提升乡村医疗卫生服务能力

乡村医疗卫生设施的建设不一定要建设“新”的设施，也可以通过区域医疗卫生资源整合的方式，使一些医疗设施共享到多家乡镇医院，这也是一种变相的乡村医疗卫生设施建设，这种方式不仅可以节省大量的资金，还可以提高乡村医疗卫生设施的使用效率。

2020 年，成都市便以都江堰市和简阳市为改革试点，按照“每个乡镇办好 1 所建制乡镇卫生院，1 个行政村设置 1 所村卫生室”的原则，进行医疗卫生资源的整合。以都江堰市为例，都江堰市卫生健康局制定了《都江堰市区域中心卫生院建设工作方案》，组建了医共体管理委员会。短短 1 年的时间，都江堰市建立了以市人民医院、市中医医院、市二医院为牵头单位，27 家基层医疗卫生机构为枢纽、184 家村卫生室及社区卫生服务站为网底的紧密型县域医共体 3 个。同时，都江堰市设立了青城山镇、石羊镇、聚源镇等 9 个区域中心卫生院，按照“八统一”原则，逐步实现业务、绩效考核、药械供应保障、行政、人事、资产财务一体化管理。通过推动区域医疗卫生资源的整合，都江堰市诸多乡村的医疗卫生服务能力获得了极大的提高。

3. 完善乡村药品供应网络建设

乡村药品供应网络建设也是乡村医疗卫生基础设施建设中的一个重要环节，其完善程度在一定程度上影响着乡村医疗卫生的服务能力。乡村药品供应网络建设可以从以下两方面着手。

（1）完善药品经营网点建设，形成布局合理、供应及时的乡村药品经营网络，实现镇镇有药店。

（2）完善药品配送网络建设，使药品配送中心能够一直延伸到村级药品服务网点或村卫生室。

（四）乡村环境卫生设施建设

1. 乡村环境卫生设施的类别

凡具有从整体上改善环境卫生和限制生活废弃物影响范围功能的容器、构筑物和建筑物等统称环境卫生设施。乡村的环境卫生设施主要分为如下几大类。

（1）环境卫生公共设施。凡供人们在公共场所使用、具有收集和临时存储生活废弃物功能的容器、构筑物和建筑物统称环境卫生公共设施。主要包括公共厕所，垃圾管道，化粪池，垃圾容器、垃圾容器间，废物箱，等等。

（2）环境卫生工程设施。凡是环境卫生专业队伍在收集、运输、转运、处理、综合利用和最终处理生活废弃物等各环节所需的构筑物、建筑物和基地统称环境卫生工程设施。主要包括垃圾周转站，垃圾、粪便无害化处理厂（场），垃圾粪便码头，垃圾最终处置场，储粪池，等等。

（3）环境卫生机构工作场所。环境卫生机构工作场所是指村镇基础环境卫生机构及其所承担的管理和业务职责所需的各种工作场所。

2. 乡村环境卫生设施建设的基本要求

在建设乡村环境卫生设施时，有两个基本要求需要注意。

（1）乡村环境卫生设施建设需要纳入村镇整体发展规划之中，并在整体发展规划之中统一规划乡村商业垃圾、生活垃圾、粪便的收集、中转、运输、处理、利用等所需的设施。需要注意的是，乡村环境卫生设施的建设并不是孤立的，需要和乡村其他设施的建设相协调。

（2）新建的公共建筑应建设统一标准的垃圾管道、附属厕所及垃圾容器存放间。当原有环境卫生设施需要迁移或改建时，需要同步制订并落实迁移或改建计划。

（五）乡村文化设施建设

乡村文化设施是乡村文化建设的重要载体，其在乡村振兴中发挥着重要的作用。乡村文化设施的建设，可以从以下两方面着手。

1. 乡村文化设施建设的内容

乡村文化设施建设的内容可以归纳为三类：开放型文化公共空间、地标型文化设施和场馆型文化设施。乡村文化设施建设的内容及其作用，如图 2-4 所示。

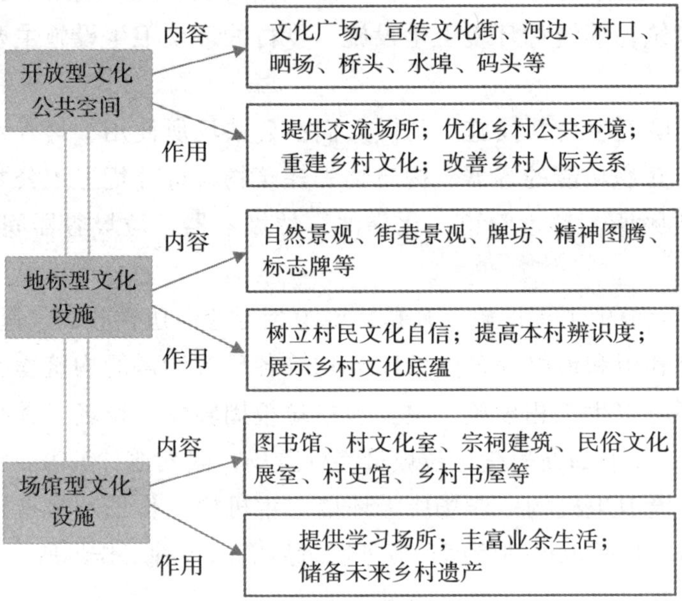

图 2-4　乡村文化设施建设的内容及其作用

2. 乡村文化设施建设的策略

（1）整合多渠道资金。在任何一项乡村基础设施建设中，资金都是一个重要的支撑，缺少了资金的支持，乡村基础设施的建设便难以为继，乡村文化设施建设同样如此。为了保证乡村文化设施建设资金的充足，可采取多渠道资金整合的方式，如“政府资金＋社会资金＋公益捐款＋民间筹资”的方式。在上述方式中，政府通常承担大部分的建设费用，社会组织和个人承担小部分的建设费用。当然，有时社会组织和个人也自愿承担大部分的建设费用，这样便可以在一定程度上减少政府的财政支出。无论哪种情况，整合多渠道的资金，可以为乡村文化设施建设提供更为充足的资金保障。

（2）建管护并行。乡村文化设施的建设也要以科学发展观为指导，坚持可持续发展的原则，走建设、管理、养护并行之路，坚决摒弃“重建设、轻管理，重使用、轻养护”的做法。就前面提到的乡村文化设施的内容来看，无论是开放型文化公共空间，还是地标型文化设施，抑或是场馆型文化设施，都需要有效的管理和养护，这样才能延长其使用寿命，进而为乡村文化建设发挥更大的价值。

第三节　乡村振兴中的数字赋能

一、乡村振兴中数字赋能的概念界定及其特征

（一）乡村振兴中数字赋能的概念界定

要明确乡村振兴中数字赋能的概念，首先我们需要先明晰数字的概念。此处所指的数字并不是数学概念上的数字，而是对信息技术的一种别称。之所以形成这一别称，是因为信息技术对信息的处理都需要经过数字化这一过程，即信息技术将许多复杂多变的信息转变为可以度量的数字、数据，再以这些数字、数据建立起适当的数字化模型，把它们转变为一系列二进制代码，引入计算机内部，进行统一处理。由此可知，此处所指的数字赋能，是指利用信息技术，赋能乡村振兴，从而进一步推进乡村的全面振兴。就当前信息技术发展的现状来看，乡村振兴中的数字赋能可做如下界定：以大数据、物联网、人工智能、区块链等新一代数字化基础设施为硬件基础，以数据化知识和信息为关键生产要素，以数字技术创新为核心驱动力，以现代互联网平台为重要媒介，通过数字技术与农业农村发展深度融合，实现乡村生产科学化、治理可视化、生活智能化和服务便捷化，最终实现产业兴旺、生态宜居、乡风文明、治理有效、生活富裕的乡村振兴

目标。如今，我们已进入数字化时代，很多城市已经开始广泛地应用数字技术，并取得了较好的成效。面对乡村振兴这一要务，我们应该充分发挥数字技术的优势作用，向广大的乡村渗透，从而为乡村振兴持续赋能。

（二）乡村振兴中数字赋能的基本特征

乡村振兴中数字赋能的基本特征有以下五个方面。

1. 数字化基础设施为硬件基础

随着新一代高速无线宽带、高速光纤网络在乡村的普及，数字化相关的基础设施建设具有了一定的基础，大数据、物联网、云计算、人工智能等新一代的数字技术在乡村实现了进一步的渗透，这不仅在一定程度上改善了乡村基础设施的整体条件，而且为乡村产业的发展提供了新的引擎。与此同时，数字化相关基础设施的建设也进一步提高了村民的信息接入和获取能力，破解了信息获取的“最后一公里”难题，极大地提升了农业农村生活和生产的网络化、数字化、智能化水平和运行效率，深刻改变了农业农村的发展动力、发展方式[①]。

2. 以数据化知识和信息为关键生产要素

在数字化时代，数据化知识和信息是非常重要的生产要素，所以在借助数字化技术赋能乡村振兴时，数据化知识和信息成了人们研究的一个焦点。如今，数字化技术已经逐渐渗透到乡村生产生活的各个角落，数字化运行产生了大量的数据化信息，这些信息是农业生产、农产品贸易的重要参考内容，同时在乡村治理中也发挥重要的作用。另外，数据化的信息具有可复制、可共享的优点，突破了传统生产要素有限供给的限制，为乡村的经济发展带去了更多的可能。

3. 以数字技术创新为核心驱动力

由新增长理论可知，经济增长的一个内生动力是技术发展和创新，而在数字化乡村建设中，数字技术的创新便成为数字乡村建设的核心驱动力。随着数字技术在乡村的普及，其对乡村发展所产生的作用越来越明显，尤其在整合生产要素、催生新业态、促进经济转型和推动产业融合方面发挥

① 叶云，汪发元，裴潇. 信息技术产业与农村一二三产业融合：动力、演进与水平[J]. 农业经济与管理，2018（5）：20-29.

了明显的作用。因此，需要不断创新数字技术，为乡村的全面振兴注入持续的动力。

4. 以现代互联网平台为重要媒介

在传统贸易模式中，贸易的地点往往是某个现实生活中的场所，这种贸易模式同时受空间和时间的限制，也在一定程度上限制了乡村的发展。互联网的出现拓宽了贸易的平台，人与人之间的贸易不再局限于现实生活中的场所，人们可以借助互联网构建虚拟的贸易平台，并在虚拟贸易平台上完成贸易。相较于传统的贸易平台而言，虚拟的贸易平台不受空间和时间的限制，而且借助虚拟的贸易平台，贸易的双方可以实现更具效率的产品输送，减少流通环节，进而提升产品的利润率。总之，依托互联网平台这一媒介，可以为乡村的发展提供更多的可能，推动乡村构建一个多元共生、开发互动、协同共进、经济实惠的生态系统，从而使乡村的经济实现可持续的发展。

5. 以乡村的全面振兴为目标

数字赋能是手段，乡村振兴是目标，我们不能一味地关注手段，而忽视了目标。其实，就乡村的发展而言，最终的目标就是实现乡村的全面振兴，而数字技术具有诸多优势，其在推动乡村振兴中能够发挥极大的作用。因此，无论将数字技术赋能在乡村生产生活的哪些方面，乡村的全面振兴始终都是其目标和落脚点。

二、数字化赋能乡村振兴的机制

关于数字化赋能乡村振兴的机制，笔者从内在机制、外在机制和一般机制三个角度进行了分析。内在机制和外在机制是相互作用、相互影响的，也正是在内外机制的相互作用下衍生了一般机制。其逻辑关系如图 2-5 所示。

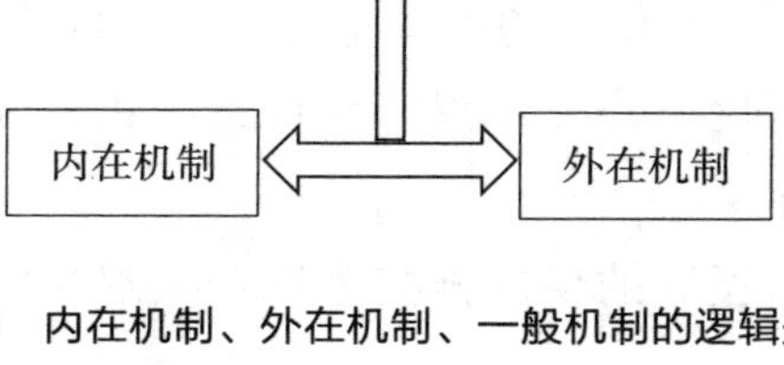

图 2-5　内在机制、外在机制、一般机制的逻辑关系

（一）数字化赋能乡村振兴的内在机制

在分析数字化赋能乡村振兴的内在机制时，笔者以数字化建设为出发点，以乡村振兴的目标为落脚点，以智慧三农为重要手段，以乡村振兴的总体要求指导方向，构建了如图 2-6 所示的数字化赋能乡村振兴的内在机制示意图。

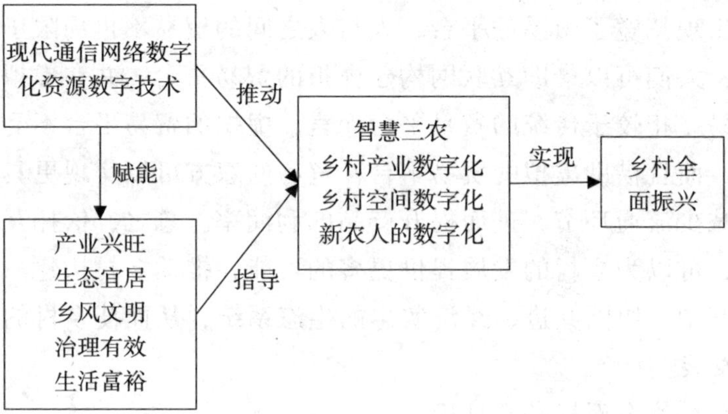

图 2-6　数字化赋能乡村振兴的内在机制示意图

由图 2-6 可知，数字化赋能乡村振兴以现代通信网络、数字化资源和数字技术为支撑，按照乡村振兴的 20 字总体要求（产业兴旺、生态宜居、乡风文明、治理有效、生活富裕）的指导，推动智慧三农的建设，进而逐步实现乡村全面振兴这一目标。

如果对数字化赋能乡村振兴的内在机制做进一步的分析，笔者认为可以结合图 2-6，从正反两个推演逻辑入手。

数字化赋能乡村振兴的正向推演逻辑：随着物联网、大数据、人工智能等数字技术在乡村的应用，农业、农民、农村都在潜移默化的影响下进行了自我改造，并依托数字化资源不断推动乡村产业的数字化，驱动乡村产业的融合，重塑乡村的生产与经济价值；与此同时，借助数字技术，有助于乡村实现更加低碳、便捷的生产生活模式，构建一体化管理服务平台、丰富多样的文化教育网络媒介，提升乡村组织化程度，进而为乡村振兴的实现提供必要的支持。

数字化赋能乡村振兴的反向推演逻辑：纵观我国乡村发展的过程，乡村始终都是沿着“适应乡村生产”和“便于村民生活”这两个维度发展的，并在此基础上衍生出社会价值、生活价值、生态价值、文化价值、生产价值等诸多价值。从这个角度来看，乡村振兴符合乡村发展的规律，其对乡村的改造不是另起炉灶建设一个新的乡村，而是在原有乡村的基础上使其得到进一步的发展，并在尊重乡村固有价值的基础上使乡村的传统价值得到提升。因此，在借助数字化赋能乡村振兴时，应立足于乡村这个主体，对乡村进行深入的剖析，这样才能对乡村的数字化建设提出更具针对性的要求，进而使数字化要素能够有效地嵌入乡村，推进乡村的全面振兴。

（二）数字化赋能乡村振兴的外在机制

关于数字化赋能乡村振兴的外在机制，笔者立足于国家的战略选择、乡村的现代化发展需要及乡村各主体发展的需求，以数字政府、数字社会、数字经济为三大主力，以乡村的数字化创新、数字化转型和数字化协同为途径，实现乡村运作系统中经济、政治、社会、文化、生态文明建设等全域的数字化共生与协同，进而实现乡村经济的高质量发展、乡村公共服务和村民生活水平的提高，以及治理功能和质量能力现代化的目标。基于上述思路，笔者构建了如图 2-7 所示的数字化赋能乡村振兴的外在机制示意图。

1. 乡村数字生态系统

乡村数字生态系统构建的需求是在诸多因素的驱动下产生的。如果对诸多因素进行归纳，大致可归结为宏观、中观和微观三个维度的因素。

在宏观维度，驱动因素主要是党中央立足于乡村发展新阶段提出的一系列政策举措，这些政策举措不仅引导着乡村数字生态系统的构建，同时也为乡村数字生态系统的构建提供了保障和支撑。

在中观维度，驱动因素主要是乡村现代化发展的需求，这是乡村发展的一个目标，对于提高乡村产业的竞争力和总体效益，促进乡村经济的发展具有非常积极的意义。在这一需求下，构建乡村数字生态系统就显得非常必要。

在微观维度，驱动因素主要是乡村各主体发展的需求。当前，我们已经进入信息化的时代，无论是乡村中的组织主体，还是乡村中的村民主体，都对数字化资源有一定的需求，也期望能够借助数字技术实现进一步的发展。相较于宏观维度和中观维度的驱动因素，微观维度的驱动因素更加具体，其所产生的驱动作用也是不容忽视的。

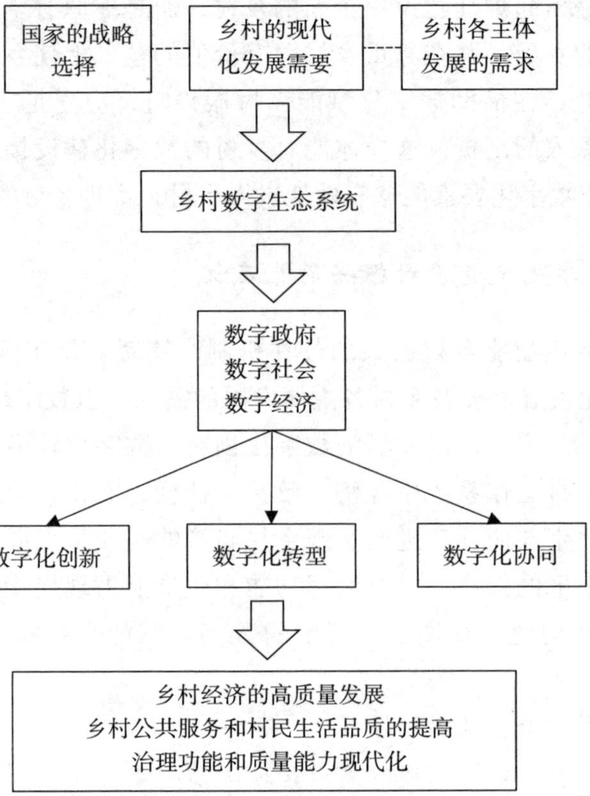

图 2-7　数字化赋能乡村振兴的外在机制示意图

2. 数字政府

在数字技术发展的初期，便产生了数字政府这一概念，只是由于技术方面的限制，当时的数字政府的职能非常有限。随着数字技术的发展及其应用的逐渐成熟，数字政府也逐渐实现了从单一电子政务到数字治理的转型，形成了制度体系、组织协同、机制聚合、智能应用、公民参与的乡村数字治理模式①。数字政府是数字化赋能乡村振兴的外在机制中的一个重要

① 沈费伟，叶温馨．政府赋能与数据约束：基层政府数字治理的实践逻辑与路径建构：基于“龙游通”数字治理的案例考察［J］．河南社会科学，2021，29（4）：86-93.

因素，也是乡村数字生态系统构建中的一个重要因素，其作用主要是提供目标引导、政策指引和政策保障。我国的数字政府已经进行数字化变革，打开了乡村治理的互动式“数智协同治理”的新局面，并优化了乡村治理体系和提高了乡村治理能力，但仍然不能忽视村民委员会的作用以及村民自治的权利，而是要在尊重村民自治权利的基础上发挥其职能作用。

3. 数字社会

数字社会是持续参与数字互动的人、组织和事物的集合。数字社会不是被人为设计出来的，而是政府、组织和人民之间所有数字互动的结果。在数字社会中，在数据信息互通带来的高水平资源配置的影响下形成了以个性化需求为导向的新的生产生活方式。需要注意的是，在数字社会中，同样是以人为中心，而且数字社会也在很大程度上拓展了人的关系网络，使人与人的交往不再局限于现实生活中，这对于丰富人的关系网络具有非常积极的作用①。然而，虚拟的人际关系由于存在一定的虚拟性，所以也存在一定的风险，人们需要提高其风险意识。另外，数字社会也为村民提供了更加个性化、低碳化、高质量的产品与服务，增加了村民就业、创业的机会，这对于提高村民生活质量和发展乡村经济起到了非常积极的作用。

4. 数字经济

数字经济是人们借助数字技术实现资源的快速优化配置与再生，进而实现经济高质量发展的一种新的经济形态。在乡村发展中，数字经济可以进一步推动乡村各产业生产的智能化，尤其可以推动农业生产的智能化，这对于促进城乡贸易的双向流通以及乡村农业的现代化具有非常积极的意义。此外，数字经济还可以更加有效地激发乡村发展的潜力，促使乡村形成的新的产业模式，推进乡村的数字化转型，进而实现乡村的高质量发展。

（三）数字化赋能乡村振兴的一般机制

数字化赋能乡村振兴的内在机制和外在机制是相互作用和相互影响的，在二者的相互作用和相互影响下，形成了复杂的数字化赋能乡村振兴的一般机制。该机制以乡村振兴为目标，注重乡村振兴过程中新需求的适应、

① 戚聿东，褚席．数字生活的就业效应：内在机制与微观证据[J].财贸经济，2021，42(4)：98-114.

内生动力的激活、新结构的塑造、新潜能的激发及新机遇的创造，其示意如图 2-8 所示。

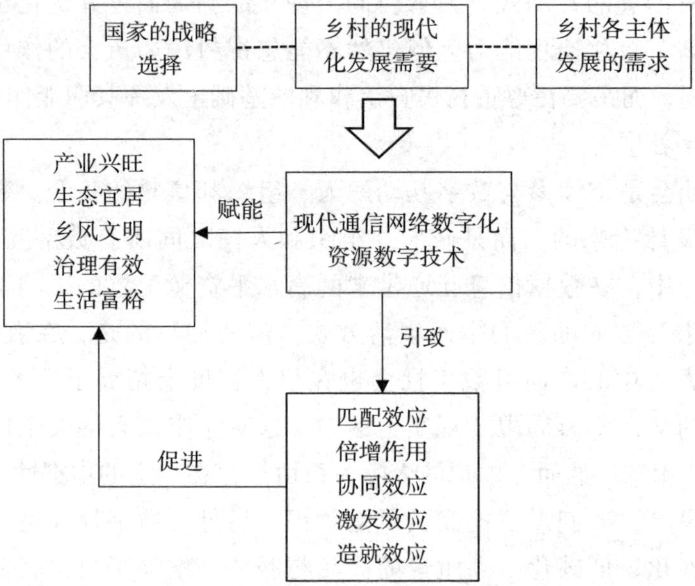

图 2-8 数字化赋能乡村振兴的一般机制示意图

由图 2-8 可知，数字化赋能乡村振兴的一般机制可以从以下五个方面进行阐述。

1. 数据资源发挥匹配效应，适应新的消费需求

随着我国经济的快速发展，人们的生活水平在不断提高，消费理念也在不断变化。如今，人们的消费理念正在经历“数量→质量”的转变，而在注重质量这一消费理念的影响下，乡村的美丽风景、乡村的绿色食品、乡村独特的乡风等越来越受人们的欢迎。面对新的消费需求，乡村应充分利用数字资源，发挥其匹配效应，从而不断适应和满足消费者新的消费需求。具体来说，数字资源发挥的匹配效应主要体现在以下几个方面。

（1）生产者可以参考大数据分析的结果制订种植计划，并在种植的过程中应用农业机器人、无人机等数字技术提高施药、施肥的精准度，降低环境生态成本，进一步保障农产品的质量安全。这一点可以匹配消费者对绿色食品及食品安全的需求。

（2）生产者可以应用图像识别、区块链、物联网等数字技术实现对农产品种植、运输、营销的全方面管理，使农产品从田间到餐桌的整个流程都是可视的，并且是对消费者开放的，这样可以有效解决消费者有关食品质量安全方面的问题。

（3）生产者可以借助网络传播平台，广泛传播乡村的风土人情，并宣传其产品特色，这样不仅有助于拉动乡村的文旅消费，还有助于为消费者提供更加多元的消费体验，从而满足更多消费者的消费需求。

总之，充分利用数据资源，可以打破地域限制，并打破信息壁垒，从而有效提升乡村农产品生产者和消费者之间的供需匹配度。

2. 数字要素发挥倍增作用，激活乡村内生动力

在数字化赋能乡村振兴中，数字要素是一个非常重要的生产要素，它具有可复制、可共享、可重复供给等优点，这打破了传统生产要素有限供给的限制，进一步激活了乡村中的内生动力。具体而言，数字要素发挥的倍增作用及其对乡村内生动力的激活主要体现在以下几个方面。

（1）数字要素的有效运用可以在一定程度上降低生产投入成本、降低信息流通成本、降低环境生态成本，这些经济活动成本的降低可以吸引更多的人参与乡村产业建设，从而促进乡村产业的振兴。

（2）数字要素的有效运用可以提升乡村宏观经济运行到微观个体管理、经济社会发展到自然资源利用等整体运行效率，从而在更加有效的管理中进一步激活乡村内生动力。

（3）数字要素的有效运用可以盘活乡村闲置劳动力、闲置土地等资源要素，使乡村的各种资源得到更加有效的运用，进而全面促进乡村农业产业提质增效。

（4）数字要素的有效运用可以打破乡村农业产业上下游价值链的信息孤岛，引导乡村农业在生产模式、组织形态等方面发生变革，促进产业结构的转型和升级，进而在新的产业结构中激活更多的内生动力。

（5）数字要素的有效运用可以催生一系列的交流效应、链锁效应和带动效应，这有助于促进乡村社会化服务体系的完善，促进乡村人力资源的

开放，提高村民的参与度，并让不同地区的乡村实现生产要素的整合，从而实现互利共赢，破解乡村发展不均衡、不充分的难题①。

3. 数字化协同效应，塑造乡村发展新结构

在数字化赋能乡村振兴中，数字化所发挥的协同效应能够促进乡村发展中各主体、内容、空间的协同，从而塑造乡村发展的新结构。具体而言，数字化协同效应对乡村发展新结构的塑造主要体现在以下几个方面。

（1）网络信息平台拓展了乡村的空间结构，尤其随着农产品电商平台及线上线下一体化管理服务平台的建设，乡村形成了更加开放的发展格局。

（2）数据资源作为生产要素嵌入乡村经济活动中，使得乡村的生产要素变得更加多元，而多元的生产要素吸引了更多的资金和人力资源，这又进一步促进了乡村数据资源的丰富，进而持续促进乡村产业的升级和产业结构的变革。

（3）数字化有效激活了乡村中的主体、要素和市场，推动乡村实现了外在力量改造和内生动力改革，形成了互促合力和叠加效应，同时促进了经济、政治、文化、社会、生态和组织建设等各领域的数字化转型与创新，进而实现了固有结构的变革和优化。

（4）数字化加速了人力资源的流通及其自身价值的提升，政府、合作社、企业、村民等也都积极参与乡村建设，促使乡村形成了新的利益共同体，进而推动了乡村人才结构和组织结构的变革。

4. 数字化激发乡村发展新潜能

乡村具有无限发展的潜能，包括人力资源、物质资源等方方面面，而数字化建设对于激发这些潜能具有非常积极的促进作用。具体而言，主要表现在以下两个方面。

（1）数字化所带来的技术融合、信息共享等要素可以促进乡村电子商务的发展，并促进新兴产业（如乡村旅游、休闲农业）的发展，这不仅有助于激活乡村特有的生产要素，使其发挥更大的价值，还有助于提高农民的参与度，进而推动脱贫攻坚与乡村振兴的有效衔接。

（2）数字化建设拓展了乡村的线下市场，而在线下、线上两个市场的

① 王胜，余娜，付锐. 数字乡村建设：作用机理、现实挑战与实施策略[J]. 改革，2021（4）：45-59.

合力下，乡村的物质资源被进一步挖掘出来，人力资源也被进一步的激活，这为乡村的发展注入了新动能，也创造出了更多创业和就业的机会，使农民有了更多提高收入的途径。

5. 数字化造就乡村发展新机遇

数字技术的有效应用可以产生溢出效应，这对于促进乡村经济的高质量发展具有积极的促进作用。当前，随着乡村数字化建设进程的加快，数字产业推动乡村重塑了其生产形态和经济生活，也为乡村的发展造就了更多新的机遇。具体而言，主要体现在以下几个方面。

（1）通过将数字技术与乡村的自身优势融合起来，形成优势产业，并释放“头雁效应”，带动周边地区的发展。

（2）借助数字技术的优势作用，形成产业集群优势。对于乡村而言，产业集群具有扩散效应，而且不同的产业集群之间能够相互促进，这会驱动乡村新一轮创新群的集结，进而为乡村的发展持续赋能。

（3）充分利用数据资源，使数字经济的触角不断向乡村延伸，推动乡村第一、二、三产业的融合，同时延长乡村的产业链，促进乡村产业结构体系的优化。

（4）在数字技术的持续赋能下，催生新的商业模式和新的产业，同时加速消费升级，充分挖掘乡村市场潜力，带动乡村更快地融入“双循环”的新发展格局。

需要注意的是，上述的五个方面并不是相互孤立的，它们是相互联系、相互渗透、相互触发的关系，并在相互作用下持续赋能乡村的发展，进而推动实现乡村振兴的目标。

三、乡村振兴中数字赋能的实施策略

要在乡村振兴中实现数字的持续赋能，需要针对数字乡村的建设形成一个整体的思路框架，这样便于我们站在整体的思路框架下去制定相应的策略。在对乡村振兴中数字赋能的机制进行了系统的分析后，笔者认为可以构建一个“1+3+n”的数字乡村建设的思路框架，如图 2-9 所示。其中“1”是指建设 1 个乡村基础数据资源体系，即将全县（或更大地域范围）的数字乡村建设统一起来；“3”是指以“三农”为主要抓手，重视智慧三农的建设，即乡村产业数字化、乡村空间数字化和新农人的数字化；*n* 是指搭建 *n* 个数字化应用，比如生产经营方面的数字化应用、公共服务方面的数字化应用、乡村管理方面的数字化应用等。

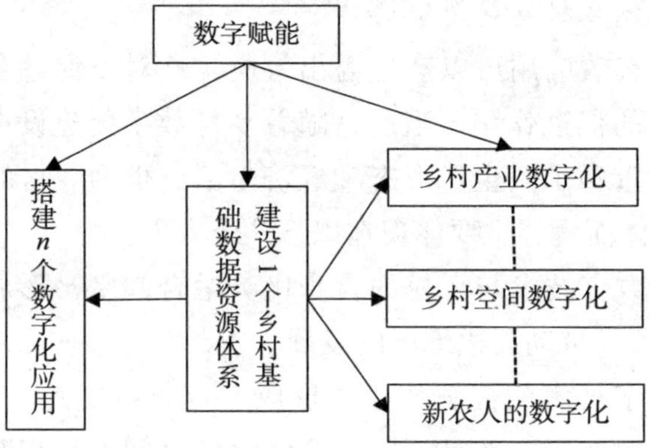

图 2-9　数字乡村建设的思路框架

基于上述思路框架，笔者总结了以下几点乡村振兴中数字赋能的实施策略。

（一）站在全县（或更大地域范围内）视域下建设数字化乡村

数字化乡村的建设并不是一村一镇的事，因为无论是相关基础设施的建设，还是人才建设，都需要进行统筹规划，这就需要站在全县的视域下去进行规划设计。当然，有时也需要站在更大地域范围内去进行统筹规划，具体情况需要结合当地的实际情况而定，这样可以实现不同乡村之间的优势互补，可以更好地发挥数字技术的效用，从而使数字技术对乡村振兴的赋能更具持续性。需要注意的是，在依据整体规划落实时，政府需要给予市场一定的自主性，发挥市场的主导作用，政府更多时候起的是引导和调节的作用，这样才能确保市场活力，进而保障数据要素在嵌入乡村市场后依旧能够保持相应的活力。

（二）完善乡村数字化发展所需要的设施

数字化相关的基础设施是推动乡村数字化发展的一个有力支撑，也是乡村振兴中数字持续赋能的基础。因此，要加快通信网络基础设施建设，使相关的基础设施建设覆盖更多的乡村，尽快实现5G网络的全覆盖，然后借助更快的5G网络建设数据中心，以此来提升乡村农业生产的智能化、精准化和生态化。此外，还需要加快智慧交通、智慧物流等相关基础设施的建设，提高交通物流的效率，进而为乡村经济的可持续发展提供助力。

（三）培育村民的信息素养与信息技能

村民是乡村振兴的主体之一，如果在乡村振兴中缺少了村民这一主体，必然会影响乡村振兴的进程。在数字赋能乡村振兴中，村民作为不可或缺的主体之一，必然需要具备一定的信息素养，掌握一定的信息技能，才能更好地运用信息技术，从而更加有效地发挥信息技术的效能。因此，培育村民的信息素养和信息技能就显得非常有必要。村民的受教育水平相对较低，他们对新事物接受的速度也比较缓慢，所以村民信息素养和信息技能的培育并非一件易事。因此，政府需要就此给予政策扶持和资金投入，引导更多的社会力量投入村民信息素养和信息技能培养的行列中来，从而在诸多社会力量的合力下逐渐促进村民信息素养和信息技能的提升。

（四）鼓励数字化专业人才下乡

随着乡村振兴战略实施的逐步深入，乡村实现了一定的发展，但相对城市而言，乡村对人才的吸引力仍然较弱，加强对人才的引进仍然是乡村未来工作的一个重心。基于目前乡村数字化专业人才普遍缺乏的现状，政府应制定一些人才引进政策，鼓励数字化专业人才下乡，使他们投身到乡村的数字化建设中。同时，在引进人才的基础上，政府还应考虑如何留住人才，因为乡村数字化专业人才普遍缺乏的原因不止有人才引进难，还有人才留住难，如果只考虑如何引进人才，不考虑如何留住人才，那么也很难改善乡村数字化专业人才普遍缺乏的现状。因此，政府还需要制定一些留住人才的政策，比如在人才发展机会、工资待遇等方面给予政策支持。只有这样，才能不断壮大乡村的数字化专业人才队伍，从而实现乡村振兴中的数字持续赋能。

第三章　乡村振兴的物质基础：产业兴旺

第一节　乡村产业振兴的重要意义

产业兴旺是乡村实现振兴的重要物质基础，要实现乡村振兴，首先要实现产业上的振兴。乡村产业振兴的重要意义如图 3-1 所示。

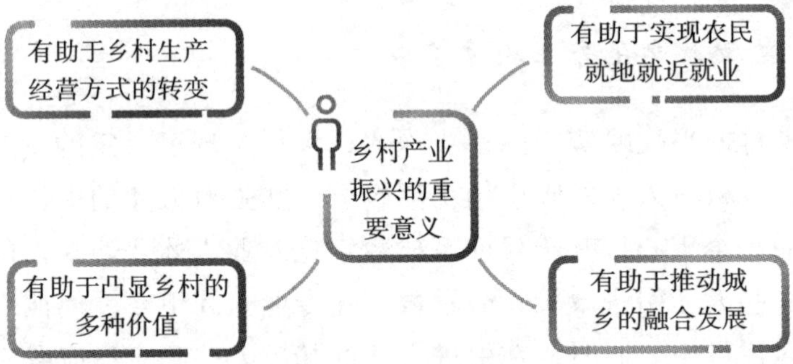

图 3-1　乡村产业振兴的重要意义

一、乡村产业振兴有助于乡村生产经营方式的转变

乡村产业发展与乡村生产经营方式是紧密联系在一起的，而推动乡村的产业振兴，对于促进乡村生产经营方式的转变具有重要意义。具体而言，乡村产业振兴对乡村生产经营方式转变的促进作用主要体现在三个方面。

（1）乡村产业振兴有助于乡村构建立体式的复合型现代农业经营体系。所谓立体式的复合型现代农业经营体系，是指以家庭经营为基础，以社会化服务为支撑，以合作社为桥梁，以市场为导向的一种生产经营方式。就乡村农业发展而言，农业现代化是其发展方向，而构建新型的农业生产经营体系是实现农业现代化的一个本质要求。自改革开放四十多年以来，我国乡村实现了快速的发展，尤其在农业发展上，取得了举世瞩目的成就，而随着乡村振兴战略的实施，乡村农业又实现了进一步的发展。在这一大背景下，乡村需要借助乡村产业振兴的东风，加快构建新型农业生产经营体系，从而提升农业生产经营主体的受益水平。

（2）乡村产业振兴有助于乡村形成产销供一体化的乡村产业链条。所谓产销供一体化，就是生产和销售都由自己来做，这种方式节省了中间商环节，自己可以把握的利润更多。当然，这种生产经营方式对生产经营单位的要求较高，即生产经营单位需要能够把握市场的动向，实现生产供应与市场需求的有效衔接。显然，传统的个体生产经营方式很难做到这一点，因为农民无论是在能力上，还是在技术上，都相对欠缺，这导致他们很难实现对市场的精准分析与把控。而在乡村产业振兴的背景下，乡村产业生产经营的方式不再局限于个体经营，而是可以采取联合的方式，这样可以弥补个体经营的缺陷，从而带动个体经营也能实现产销供一体化，进而使整个乡村逐渐形成产销供一体化的乡村产业链条。

（3）乡村产业振兴有助于乡村形成新业态。所谓新业态，是指不同产业之间通过融合、分化或跨界整合形成的新的产业组织形态。相较于城市而言，乡村的业态较少，这是限制乡村经济发展的一个重要因素。随着乡村产业的发展，乡村产业之间融合的进程也会随之加快，这有助于乡村形成新的业态，进而使原有产业的生产经营方式发生变化。比如，农业的生产经营方式就是生产、销售农产品，但基于农业发展起来的休闲农业，其生产经营方式不再局限于农产品的生产和销售，而是集农产品生产、销售、观光、体验、休闲等于一身。

总之，随着乡村产业的逐步振兴，乡村的生产经营方式也会随之发生转变，这对于丰富乡村的生产经营体系，并促进乡村经济的发展具有重要的意义。

二、乡村产业振兴有助于实现农民就地就近就业

2022年的中央一号文件中明确指出，要促进农民就地就近就业创业。在很长一段时间内，外出务工是农民的首要选择，因为乡村产业较少，而为了实现就业，获得更高的收入，很多农民只能选择外出就业。这种就业方式虽然在一定程度上促进了农民收入的提高，但也导致乡村出现了“空心化”的现象，进而影响了乡村的发展。

其实，在市场经济的大环境下，人才流动是一个正常现象，无论是乡村的人才流向城市，还是城市的人才流向乡村，都是市场选择的结果。如果能让广大的农民在乡村实现就近就地就业，这不仅有助于乡村的发展，还有助于解决乡村“空心化”的问题，可谓一举两得。显然，乡村的产业振兴有助于这一目标的实现。通过推进乡村的产业振兴，可以产生更多的就业岗位，农民无需背井离乡，在当地就能实现就业。随着乡村产业的持续振兴，农民就地就近就业已经取得了突出的成绩。国新办在2022年7月20日，就我国2022年上半年农业农村经济运行情况举行发布会，农业农村部总农艺师、发展规划司司长曾衍德表示，截至6月底，返乡农民工就地就近就业率达到90.7%。未来，随着乡村产业的进一步振兴，我们还需要提高农民就地就近就业的质量，从而确保“数量”与“质量”的协调发展。

三、乡村产业振兴有助于凸显乡村的多种价值

关于乡村所具有的价值，本书第一章概括为三种：生产价值、生态价值和生活价值。将乡村所具有的这三种价值充分地激发凸显出来，这对于促进乡村的发展将发挥非常积极的作用。乡村的价值有些是自然凸显出来的，有些则需要借助一些载体凸显，而产业便是乡村价值得以凸显的一个有效载体。

乡村具有良好的生态环境，虽然在乡村发展的过程中，有些乡村的生态环境遭到了破坏，但整体而言，乡村仍旧具有很高的生态价值。随着乡村生态振兴相关措施的实施，乡村的生态环境逐渐得到改善，乡村所具有的生态价值也在随之恢复。通过前面对乡村产业的简要论述可知，乡村产业的振兴并非单独振兴某一产业，而是多产业同步振兴，并实现产业的进

一步融合。在产业融合的过程中，衍生了一些新业态，如乡村休闲旅游、乡村农业旅游等，这些新业态成了乡村生态价值凸显的重要载体。乡村多种价值的凸显，也会推动乡村产业更快振兴，甚至催生更多的新业态，其关系如图 3-2 所示，进而使乡村实现更快的发展。

图 3-2　乡村产业振兴和乡村价值的相互作用关系

四、乡村产业振兴有助于推动城乡的融合发展

关于城乡融合发展，它是建立在城市与乡村价值等值、功能互补基础上的良性互动关系。城乡融合发展的目标不是彻底改变城乡发展的二元结构，而是将城市和乡村统筹在一起，使城市和乡村都能够充分发挥其所具有的优势作用和不可替代的功能，最后实现城乡之间各种资源要素的高质量双向流动，进而实现城乡的共生发展。

在推动城乡各资源要素双向流动的各种因素中，产业是一个起着重要作用的因素。例如，在人才资源的流动上，人才往往跟着产业的发展流动，即一个地方的产业发展良好，人才的向内流动便会大于向外的流动。在很长一段时间内，城市的产业发展都优于乡村，这使得人才大量地流向城市，而只有少量人才流向了乡村，这导致了城乡人才分布的不均，进一步拉大了城乡经济的差距。随着乡村产业的逐步振兴，乡村对人才的吸引力将大大提高，越来越多的人才将会流向乡村，城乡之间的人才要素也将会逐渐趋于均衡。未来，随着乡村产业的发展，城乡之间各要素双向流动的质量也会越来越高，这对于促进城乡的融合发展无疑具有非常重要的意义。

第二节　乡村振兴与乡村产业融合

一、乡村产业融合阐述

（一）乡村产业融合的概念

要明晰乡村产业融合的概念，首先需要明确产业融合的概念。所谓产业融合，是指在生产过程中不同部门或者不同行业发生关联，相互渗透、交叉，最终将各自孤立的生产环节融合为同一组织的过程。简单来说，产业融合就是打破关联产业间界限并且产生新组织形式的融合过程。乡村产业融合，就是将产业融合的主体限定在乡村产业中。当然，这只是对乡村产业融合做的简要界定，要进一步明确其概念，还需要引入其他学者的论述。

笔者在查阅文献资料的过程中发现，不同学者针对乡村产业融合的界定也存在差异。黄漫漫从产业的角度对乡村产业的融合进行了界定。黄漫漫认为，乡村产业融合包括农业外部融合和内部融合。农业外部融合方面，农村产业融合是以农业为基础，产业链向两端延伸，与二、三产业产生关联，并且通过技术打破三产间传统界限，促使三产相互渗透、交叉、融合，最终逐渐形成新业态的一个动态过程；农业内部融合方面是农业结构优化，因地制宜形成农林牧渔业共同发展的立体循环生态农业模式[①]。

高焕喜等人指出，乡村的产业融合是指以新的发展理念为引领，以农业农村为基本依托，以第一、二、三产业之间的融合渗透和交叉重组为路径，以农业新型经营主体为基本载体，以利益联结机制为纽带，以发展全域旅游业为重点，通过产业联动、要素集聚、技术渗透、规模经营、体制创新等方式，不断拓展农业功能，促进第二、三产业向农村延伸，拉长农

① 黄漫漫. 乡村振兴视域下我国农村一二三产业融合发展研究[D]. 福州：福建农林大学，2019.

业产业链条，着力打造种养加一体、产加销一体、产学研一体、生产生活休闲一体的农业农村产业新业态、新模式[①]。

综合各学者对乡村产业融合概念的界定，笔者以相关的理论基础为指导，结合乡村产业融合的发展趋势，对乡村产业融合做如下界定：乡村产业融合是以农业为立足点，在技术进步与管制放松的基础上，通过产业联动、要素集聚、技术渗透、规模经营、体制创新等方式，将要素、技术和市场资源集约、优化配置，使得农业与第二、三产业将各自优势结合起来发展并产生出新的产品、产业业态与市场需求的一种新型产业发展方式。

（二）乡村产业融合的理论基础

1.分工理论

从产业融合的本质去看，产业融合其实是产业间分工的内部化，所以分工理论对于乡村产业的融合具有重要的指导意义。关于分工理论，诸多学者进行了研究，并形成了比较系统的学说，如亚当·斯密的分工理论、马克思的分工理论、马歇尔的分工理论、阿林·杨格的分工理论等等。在此，笔者主要介绍马克思的分工理论。

马克思的分工理论是以亚当·斯密的分工理论为基础，马克思在批判吸收亚当·斯密分工理论的基础上，针对分工的起源、效率和性质做了系统的研究。在马克思看来，分工具有客观性质，社会内部的分工有两个起点：一是在纯生理基础上产生的自然分工；二是各氏族、公社所处的自然环境不同，产品亦不同，在共同体互相接触时引起了产品的交换，从而使产品逐渐转化成商品。商品交换是分工的媒介，分工又固化和扩大了商品交换，二者相互推动、相互制约。从这个意义上来说，社会分工的产生与发展，是天然地与商品交换、与市场制度紧密联系的。社会分工的深化，必然要以市场的扩大、市场制度的完善作为前提条件。同理，乡村产业的融合也需要以市场的扩大及市场制度的完善作为前提条件。

2.产业集群理论

产业集群是指一些相互关联的企业和机构在特定地域所形成的产业空

① 高焕喜，刘同理，胡继连.加快推进山东省农村产业融合发展的建议[M].济南：山东科学技术出版社，2017：30.

间聚集现象。在乡村产业融合中，产业集群是一个比较明显的表现形式。产业集群为乡村产业的融合提供了空间支撑，与此同时，产业融合又促进了产业集群的壮大，提升了产业集群的综合竞争力。由此可见，产业集群和乡村产业融合之间具有非常紧密的联系，而产业集群理论也能够为乡村产业的融合提供理论支撑。

关于产业集群理论，相关的系统学说有很多，如产业区理论、集聚经济理论、新经济地理学理论、竞争优势理论及增长极理论等。在此，笔者主要针对产业区理论进行论述。产业区理论是由阿尔·弗雷德·马歇尔提出的，他发现了产业集群和外部规模经济之间的关系，并指出产业集群是由外部规模经济催生的。在马歇尔看来，生产或销售同类产品的企业或存在着产业关联的上、中、下游企业集中于特定的区域会使专门人才、专门机械、原材料的使用产生很高的效率，而这种使用效率是处于分散状态的企业所不能达到的，这种高效率形成了外部规模经济，从而促使中小企业集中在特定区域形成产业集群，他将这些特定区域称为“产业区”。马歇尔的产业区理论强调了外部规模经济，是一种根据现有产业区的特征进行的静态分析，虽然没有探讨产业区动态发展的过程，但对于乡村的产业融合也能够在理论层面上起到一定的指导作用。

3. 农业产业链理论

农业产业链是指和农业初级产品生产有关的产业网络结构，它既包括产前的信息指导、产品规划、种苗、饲养，也包括产中的技术指导、田间管理、包装、保鲜，以及产后的渠道规划、网点布局、冷链流通等，是多种农产品链所共同构成的集合[①]。通过相关学者的研究可知，农业产业链的构建有助于农业产业结构的优化，促进农业与第二、三产业的融合，从而促进农业经济效益的提高[②]。相较于乡村产业融合而言，农业产业链所涵盖的范围相对较小，但对于乡村产业中的农业及其相关产业来说，农业产业链理论却具有非常积极的指导作用，所以也能够用于指导乡村产业的融合。

① 李杰义. 农业产业链视角下以工促农的机制研究[M]. 北京：中国经济出版社，2011：45.

② 王凯，韩纪琴. 农业产业链管理初探[J]. 中国农村经济，2002（5）：9-12.

（三）乡村产业融合的典型模式

在乡村产业融合的大趋势下，各地涌现出了多种融合模式，以下是三种比较典型的模式。

1. 农业产业链纵向融合模式

农业产业链纵向融合模式是乡村产业融合实践中运用得比较多的一种模式，该模式是以农产品为出发点，以龙头企业为核心，将传统孤立式的农产品生产、加工、营销等环节协同起来，从而实现农业产业链的竞争力和综合效益的提升。以安徽省合肥市的快餐品牌“老乡鸡”为例，企业最初是以土鸡养殖为核心产业，在后来发展的过程中，企业围绕土鸡产业链，不断融合第二、三产业的内容，现已发展成集生产、加工、销售、农业科技开发、鸡肉冷链物流、农业生态旅游为一体的综合性企业。“老乡鸡”的农业产业链纵向融合模式有效避免了土鸡销售利益向中间商流失的问题，同时带动了整条产业链中村民收入的提高。

2. 农村产业集聚型融合模式

如果说农业产业链纵向融合模式是一种线性的融合模式，那农村产业集聚型融合模式就是网状的融合模式。通常情况下，当某个地域空间内聚集了数量较多的性质接近的企业（可以是农业企业，也可以是和农业有直接或间接关联的企业）时，便可以以其中的龙头企业为主导，将农业产前、产中和产后的各个环节统筹为一个整体，这便是农村产业集聚型的融合模式。农村产业集聚型融合模式有助于促进聚集区集体的集聚效应，从而提高当地的农业竞争力。

3. 农业功能拓展型融合模式

农业功能拓展型融合模式就是将农业的功能进行拓展，然后在功能拓展的过程中实现产业的融合。比如，休闲农业便是一种典型的农业功能拓展型融合模式，它是以农业为基础，通过开发农业的多种功能，为消费者提供农事参与、休闲观光、农事体验等服务。休闲农业常见的形态有四种：农家乐、休闲农庄、休闲农园和休闲乡村。休闲农业有助于农业资源的深度开发，同时也有助于乡村产业结构的优化，这些对于增加村民的收入具有非常重要的意义。

二、乡村振兴对乡村产业融合提出的新要求

乡村产业融合是乡村产业发展的必然趋势，在乡村振兴的背景下，乡村产业融合也有了新的要求。具体而言，乡村振兴对乡村产业融合的要求主要体现在内容、结构和功能三个方面。

（一）乡村振兴对乡村产业融合的内容要求

就乡村产业的内容而言，目前主要存在三种内容形式：落后产业、现代产业和新兴产业。面对这三种内容形式，要实现乡村的产业振兴和全面振兴，必然需要改革落后产业，振兴现代产业，支持新兴产业。在乡村产业融合中，也会涉及上述三种内容形式，而对待这三种内容形式，产业融合也需要以“改革落后产业，振兴现代产业，支持新兴产业”为原则，这样才能确保产业融合的有效性，进而最大程度地发挥产业融合的优势作用。

（二）乡村振兴对乡村产业融合的结构要求

乡村振兴对乡村产业结构的优化提出了新的要求，乡村产业融合也需要充分考虑这一要求。例如，乡村产业结构需要实现从低级层次向高级层次的转变，要促进传统种植业、农业品加工业、养殖业的升级，同时依托乡村的自然资源，推动乡村旅游、生态农业等新兴产业模式的发展。此外，广大的乡村还需要推动传统产业和新型产业形成长链条结构，紧紧围绕农业产业集群，打通农产品的生产、加工、销售、推广等各环节，推动全产业链良性发展。就产业融合本身而言，只有产业结构合理才有助于各产业的协同，进而促进各产业间的融合发展。由此可见，乡村振兴、乡村产业结构优化、乡村产业融合之间并不是单向的促进关系，而是相互作用、相互促进的关系，如图 3-3 所示。

（三）乡村振兴对乡村产业融合的功能要求

乡村的振兴不仅包括产业的振兴，还包括生态的振兴和文化的振兴，这就要求乡村产业在发展的过程中，除了要发挥经济作用，还应该发挥一

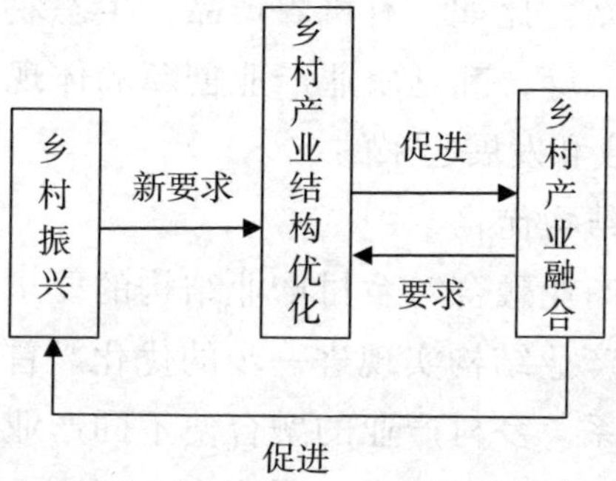

图 3-3　乡村振兴、乡村产业结构优化、乡村产业融合的关系

定的社会作用和文化作用，这样才能更有效地促进乡村的全面振兴。在乡村产业融合的过程中，同样要考虑产业融合过程中乡村产业社会作用和文化作用的发挥，以确保乡村产业融合发展模式不仅有助于促进乡村经济的发展，而且也有助于乡村人居环境的改善，最终实现可持续发展。

三、乡村产业融合对乡村振兴所起的经济作用

乡村振兴对乡村产业融合提出了新的要求，与此同时，乡村产业融合对乡村振兴起到了一定的经济作用，进而有助于推进乡村振兴。关于乡村产业融合对乡村振兴所起的经济效益，本节主要通过宏观和微观两个角度进行论述。

（一）乡村产业融合对乡村振兴所起的宏观经济作用

从宏观的角度去看，乡村产业融合对乡村振兴所起的经济作用主要体现在三个方面：推动农业产业创新、促进乡村产业结构优化和促进生态环境改善。

1. 推动农业产业创新

产业创新是一个多层面、全方面的创新系统，包括技术的创新、产品的创新、管理的创新、流程的创新及市场的创新[①]。乡村产业融合以农业为基础，在融合的过程中会对农业产生重要的影响，其中一个影响便是有助

① 梁伟军. 农业与相关产业融合发展研究[D]. 武汉：华中农业大学，2010.

于推动农业产业的创新。比如，有机农产品、生态农业、休闲农业、体验农业、精深加工农产品等，都是农业产业创新的体现，而这些都是在产业融合的过程中逐渐形成和发展起来的。

2.促进乡村产业结构优化

前文指出了乡村产业融合对乡村产业结构的要求，其实，产业融合本身也有助于促进乡村产业结构实现进一步的优化。首先，乡村产业融合横向拓宽了乡村产业体系。乡村产业的融合使不同产业间的技术实现了相互渗透，这促进了产业的创新，催生出了诸多新兴产业，如生态农业、休闲农业、体验农业等，进而使得乡村产业体系得到了拓宽，形成了多元化的产业体系。其次，乡村产业融合纵向深化了乡村产业体系。乡村产业的融合使得各产业实现了产业链向前或向后的延伸，产业发展突破了原有产业链的限制，实现了纵向的深化发展。最后，乡村产业融合提高了产业协同发展的效益。相较于简单的产业协同，产业融合能够产生更高的产业协同发展效益。因为在产业融合中，可以形成更高效率的资源配置方式、生产模式和管理模式，这有助于乡村产业结构向着高效率、规模化、高附加值的方向演进，进而实现乡村产业结构的升级和优化。

3.促进生态环境改善

从表面上来看，生态环境改善不属于经济效益的范畴，但生态环境改善符合科学发展观，是实现乡村经济可持续发展的必要条件。因此，从宏观的角度去看，促进乡村生态环境改善也是乡村产业融合经济效益的一个体现。产业融合对乡村生态环境改善的促进作用，主要体现在产业融合对产业结构的优化上，随着产业结构的优化，落后的产业会逐渐减少，各产业资源配置方式、生产模式和管理模式也会得到优化，这有助于减少产业发展对环境的污染和资源的浪费，从而起到改善乡村生态环境的作用。

（二）乡村产业融合对乡村振兴所起的微观经济作用

从微观角度去看，乡村产业融合对乡村振兴所起的经济作用主要体现在两个方面。

1.有助于企业综合效益的提高

从微观角度去看，乡村产业的融合会对企业产生具体的影响，其中一个积极的影响就是有助于促进企业综合效益的提高。前面论述已经指出，乡村产业的融合有助于乡村各产业资源配置方式、生产模式和管理模式的优化，具体到企业中，乡村产业的融合也能起到上述作用，促使企业实现资源配置方式、生产模式和管理模式的优化，进而实现综合效益的提高。

2. 有助于促进农民收入的增加

乡村产业的融合催生了新产业和新业态，使得乡村产业实现了横向的拓宽和纵向的深入，为农民创造出更多的就业机会。在乡村产业融合发展的过程中，各类农产品加工、销售、流通和服务企业，通过发挥自身管理、技术、销售和物流等方面的优势作用，辐射带动周边地区的农户提高生产经营管理能力，降低生产经营成本，进而实现农业的提质增效，促进农民收入的增加。此外，生态农业、休闲农业、智慧农业等产业的发展，还在一定程度上提升了农业产业的价值空间，对增加村民收入具有非常积极的作用。

四、乡村产业融合的策略

乡村产业融合对于实现乡村振兴具有重要的意义，与此同时，乡村振兴也对乡村的产业融合提出了新的要求，如何在乡村振兴的要求下，进一步推进乡村产业的融合是需要思考的一个问题。综合分析乡村产业发展及产业融合的现状，本节从以下几个方面对产业融合进行分析（见图 3-4）。

（一）优化乡村产业融合的环境

乡村产业的融合同时受外部环境和内部机制的影响，构建良好的外部环境无疑有助于促进乡村产业的融合。关于乡村外部环境的优化，可以从以下两个方面做出思考。

1. 加强乡村基础设施建设

基础设施是支撑乡村产业发展及产业融合的一个重要条件。例如，如果缺少了物流相关基础设施的支撑，那么产业链的向后延伸便会受到影响，进而影响产业的融合。因此，要推进乡村产业的融合发展，必然改善乡村的基础设施建设。由于乡村基础设施建设相关内容已在本书第二章中进行了论述，在此不再赘述。

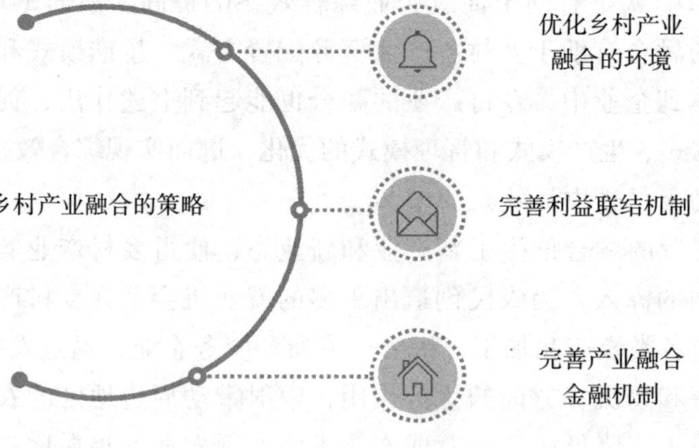

图 3-4　乡村产业融合的策略

2. 加强乡村综合性信息化服务平台建设

乡村综合性信息化服务平台能够为乡村产业的发展提供必要的支持，在乡村产业融合中也发挥着积极的作用。因此，各乡村应重视综合性信息化服务平台的建设，充分利用互联网、大数据等先进技术，形成上联省综合信息服务平台、下联乡镇信息服务站和各村服务点的综合信息服务网络，从而提升产品流通效率和服务质量，促进乡村产业竞争力的提升和产业融合的高质量发展。在加强乡村综合性信息化服务平台建设的基础上，还可以借助综合性信息化服务平台推进物联网、大数据、云计算等新一代信息技术向乡村各产业的渗透和应用，从而进一步促进乡村产业与互联网的深度融合。

（二）完善利益联结机制

完善利益联结机制是推动乡村产业融合发展的有效举措。当前，一些乡村的利益联结模式比较单一，这是制约乡村产业融合发展的一个重要原因，所以需要进一步丰富利益联结模式，促进乡村利益联结机制的完善。乡村利益联结模式主要有七种：①“企业＋合作社（农户）”订单合同型联结模式；②“企业＋基地＋农户”流转聘用型联结模式；③“合作社＋农户”土地入股分红型联结模式；④“企业、合作社＋农户”转移就业型联结模式；⑤“企业+合作社”持股分红型联结模式；⑥“联合社+农户”返利和分红结合型联结模式；⑦“公司+村集体+合作社+农户”产业化订单型联结模式。各乡村应结合自身产业发展现状，选择适宜的利益联结模式。

（三）完善产业融合金融机制

金融机制的完善可以从投融资机制和信贷机制两个方面着手，为乡村产业的融合提供金融支撑。

1. 完善乡村产业融合的投融资机制

乡村的产业融合是以农业产业为基础的，所以投融资机制的构建也要以乡村的农业产业发展为基础，引导社会资金建立满足“三农”需求的金融组织，同时加大财税相关方面的支持力度，持续推动金融资源向“三农”倾斜。此外，在继续推动面向农户的土地收益保障贷款、宅基地抵押贷款、土地经营权抵押贷款、直补抵押贷款等金融产品基础上，鼓励涉农金融资本和社会资本向新型农业经营主体倾斜，为新型农业经营主体提供必要的金融支持，从而使他们在乡村产业融合中能够发挥更大的作用。

2. 完善乡村产业融合的信贷机制

信贷机制也是金融机制中的重要组成部分。针对乡村的产业融合，需要构建完善的信贷机制，以此为乡村产业的融合发展提供信贷支持。首先，依托产业链形成利益联结机制，以龙头企业为中心点，有效整合产业链上的信用资源，通过对龙头企业与其上下游客户、农户的交易，进行集中授信，利用以龙头企业为核心的风险防控手段，解决担保难的问题；其次，围绕重点客户，将金融服务延伸至上下游生产者，进一步提高对龙头企业的信贷支持力度和服务覆盖面；最后，借鉴交叉验证机制和动产质押融资技术，借助互联网与大数据分析技术，找出产业链各环节的风险点，设计出合适的模式，将风险降至最低限度。

第三节　乡村旅游产业助力乡村振兴

一、乡村旅游产业阐述

（一）乡村旅游产业的概念

要明晰乡村旅游产业的概念，首先要了解旅游产业的概念。关于旅游产业的概念，不同的学者有不同的界定。

赵书虹从广义与狭义两个角度着手，指出狭义的旅游产业是指那些提供核心旅游产品以满足旅游者旅游需求的旅游企业的集合，广义的旅游产业还包括提供各种追加价值的相关产业；与此同时，如果旅游产业在某个地理空间发展，还必须依赖当地的其他公共设施和服务机构[①]。

杨振之等人从产业供给的角度出发，认为旅游产业是以吃（旅游餐饮业）、住（旅游宾馆业）、行（旅游交通业）、游（旅游景观业）、购（旅游商品业）、娱（旅游娱乐业）六要素为核心，以旅行社为产业龙头，由一系列行业部门组成的社会、经济、文化、环境的整合产业，是一个开放的复杂系统[②]。

王德刚则指出，旅游产业是以满足旅游者在旅行活动中的食、住、行、游、购、娱等需要为宗旨，向旅游者提供全方位旅游服务的综合性产业。其范围涵盖了与旅游活动相关的国民经济的许多产业、部门，其中既包括支撑旅游业生存和发展的基本行业，如旅游景区、旅游饭店、旅行社、旅游交通等，也涉及诸多与之相关的产业、部门、机构和团体[③]。

综合上述学者对旅游产业概念的论述，可以对旅游产业的概念做如下

① 赵书虹．试论旅游产业的形态、结构、集群特征和比较优势[J]．思想战线，2010，36（2）：128-132.

② 杨振之，陈谨．论我国旅游业产业结构的优化调整[J]．云南民族学院学报（哲学社会科学版），2002（5）：30-34.

③ 王德刚．旅游规划与开发[M]．北京：中国旅游出版社，2017：4.

界定：旅游产业是指为旅游者在旅游活动中提供食、住、行、游、购、娱相关的产品和服务的行业的总称。在对旅游产业的概念进行界定后，我们便可以进一步界定乡村旅游产业的概念。乡村旅游产业是旅游产业的组成部分，和旅游产业相比，其地域范围被限定在了乡村。所以乡村旅游产业的概念可进行如下界定：乡村旅游产业是指以乡村旅游为产业支撑，为旅游者在乡村旅游活动中提供食、住、行、游、购、娱相关的产品和服务的行业的总称。

（二）乡村旅游产业的特征

1. 乡村旅游产品种类的丰富性

乡村旅游产业涵盖的范围非常广泛，这便赋予了乡村旅游产业旅游产品种类丰富的特征。就当前乡村旅游产业发展的现状来看，乡村旅游产业的确包含诸多类型的旅游产品，而且依据不同的标准，划分出的产品类型也不同，详细内容如表 3-1 所示。

表3-1　乡村旅游产品的种类

分类标准	类　别
依据特点分类	观光旅游产品
	文化旅游产品
	度假旅游产品
	生态旅游产品
依据功能分类	康体旅游产品
	享受旅游产品
	专项旅游产品
依据销售方式分类	散客包价旅游产品
	团体包价旅游产品
	半包价旅游产品
	小包价旅游产品

2. 乡村旅游产业性质的双重性

乡村旅游产业作为一种以乡村旅游为支撑的产业，具有文化性和经济性的双重属性。就文化属性来说，乡村旅游属于一种文化消费，虽然在旅游消费中物质资料是必需的，但文化性、精神性的旅游资料才是最重要的部分。的确，游客到乡村旅游，更多是为了获得精神上的享受，满足其文化和精神层面的需求。就经济属性而言，乡村旅游作为一种产业，自然带有很强的经济属性，它能够促进乡村经济的发展，尤其在乡村旅游越来越受欢迎的今天，乡村旅游产业的经济前景是非常可观的。

3. 产业的综合性与关联性

从严格意义上来说，乡村旅游产业属于第三产业的范畴，但乡村旅游产业又与其他诸多产业有着紧密的联系，如第一产业中的农、林、牧、渔及第二产业中的建筑业、工业等。所以从这个层面上来看，乡村旅游产业又属于综合性的产业。其实，产业融合已经成为现代产业发展的一个必然趋势，随着时代的发展，乡村旅游产业的综合性也将会得到进一步的加强。

（三）乡村旅游产业的构成

乡村旅游产业是一个综合性的产业，其产业涵盖食、住、行、游、购、娱等诸多方面，这决定了其构成也是复杂的。通过综合分析乡村旅游产业和其他产业的关系，乡村旅游产业所涵盖的诸多产业可概括为五个核心产业：旅行社业、旅游观赏娱乐业、餐饮住宿业、交通通信业和旅游购物业。这五个核心产业既相互独立，又相互联系，其关系如图 3-5 所示。

1. 旅行社业

旅行社业属于中介服务型产业，具有中介属性，同时也兼具经济属性和服务属性。相较于乡村旅游产业中的其他产业而言，旅行社业最突出的作用就是将分散的旅游资源整合起来。这是促进乡村旅游产业发展的一个重要基础，因为只有形成一定的规模，才能产生一定的集群效应，才有助于推动当地乡村旅游产业的发展。

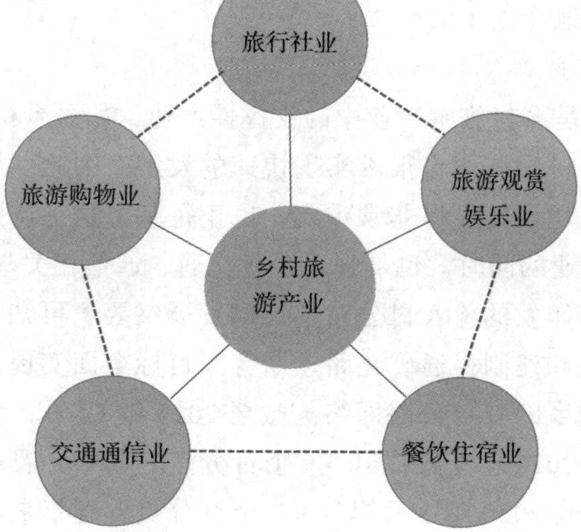

图 3-5　乡村旅游产业的构成

2. 旅游观赏娱乐业

旅游观赏娱乐业是指向游客提供观赏、娱乐类型的乡村旅游产品，以满足游客观赏、娱乐需求的行业。在乡村旅游产业中，旅游观赏娱乐业是最重要的产业，如果缺少了观赏和娱乐，旅游活动的意义便会大打折扣，旅游观赏娱乐业的发展情况在很大程度上决定了乡村旅游产业的发展。乡村旅游产业在各产业间是相互依存的，缺少了任何一个产业都会对乡村旅游产业的发展产生影响。比如，即便一个乡村的风景非常优美，如果交通不够便利，该地的乡村旅游产业也很难实现良好的发展，这也是乡村振兴战略强调乡村基础设施建设的一个重要原因。

3. 餐饮住宿业

餐饮住宿业是乡村旅游产业中的基础性产业，主要用于满足游客饮食和住宿方面的需求。在乡村旅游中，饮食和住宿是两个非常重要的环节，在很大程度上影响着游客的旅游体验。就饮食来说，到乡村旅游的游客，其饮食需求主要体现在三个方面：安全、绿色和特色。乡村旅游的餐饮业应在这三个方面投入较多的精力。就住宿来说，游客的需求主要体现在两个方面：舒适和特色。此处的特色主要通过两个途径去实现：一是贴近自然；二是凸显当地特色文化。

4. 交通通信业

交通通信业是乡村旅游产业中的支撑性产业，如果乡村的交通不便利，通信不发达，乡村旅游业也很难实现快速的发展。因此，加强交通、通信相关的基础设施建设就显得非常重要。也正是基于这一认识，国家在大力发展乡村旅游产业的同时，也加强了乡村交通、通信相关基础设施的建设。根据交通运输部印发的《农村公路中长期发展纲要》可知，到2020年底，具备条件的乡镇和建制村通硬化路、通客车目标全面实现，基本形成了遍布农村、连接城乡的农村公路网络。截至2020年12月，我国互联网普及率达70.4%，较2020年3月提升5.9个百分点。其中，农村地区互联网普及率为55.9%，较2020年3月提升9.7个百分点。近年来，网络扶贫行动向纵深发展取得实质性进展，并带动边远贫困地区非网民加速转化。在网络覆盖方面，贫困地区通信“最后一公里”被打通，截至2020年11月，贫困村通光纤比例达98%①。

5. 旅游购物业

旅游购物业是指提供游客在旅游活动中购买各种物质产品的产业。旅游购物是伴随着旅游活动而产生的，所以虽然旅游购物购买的产品也是实物商品，但它却不一定是人们生活的必需品。与人们日常生活中购买的生活必需品相比，旅游商品所具有的更多的是文化价值和纪念意义，虽然有的旅游商品的价格超出了该商品本身所具有的价格，但很多游客仍旧愿意为其文化价值和纪念意义买单。当前，就乡村旅游的旅游购物业而言，存在着品牌意识不足、同质化严重等问题，这些问题制约着旅游购物业的发展，需要引起相关从业人员的重视。

二、乡村旅游产业对乡村振兴的促进作用

作为乡村产业的重要组成部分，乡村旅游产业对促进乡村的全面振兴

① 中国互联网络信息中心．第47次中国互联网络发展状况统计报告[R].北京：中国互联网络信息中心，2021：17-19.

发挥着非常重要的作用。具体而言，乡村旅游产业对乡村振兴的促进作用主要体现在以下三个方面（见图 3-6）。

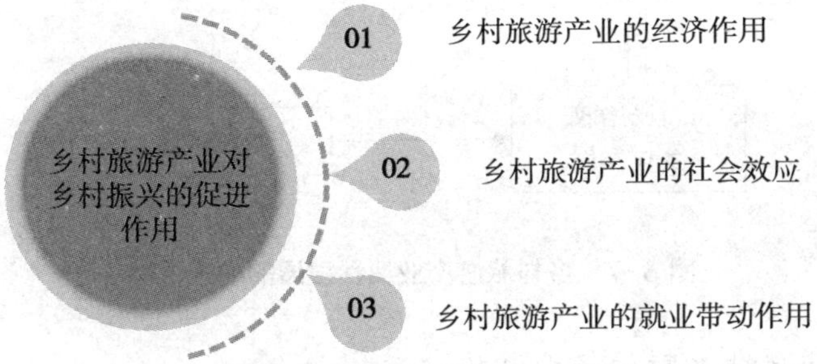

图 3-6 乡村旅游产业对乡村振兴的促进作用

（一）乡村旅游产业的经济作用

乡村旅游产业具有经济属性，它有助于促进乡村经济的发展，进而为乡村振兴的实现提供经济上的支持。具体而言，乡村旅游产业的经济作用主要体现在以下两个方面。

1. 有助于乡村经济发展，增加农民经济收入

乡村旅游产业是促进乡村经济发展的一个重要产业。发展乡村旅游产业，可以将乡村的一般生活资料转化为经营性资料，从而使其产生经济效益[①]。对于任何产业的发展而言，资本的积累都是影响其发展的一个重要因素。就当前乡村旅游产业发展的现状来看，资本正处于积累的态势，而且无论是从供给方去看（越来越多的资金开始流入乡村旅游产业，推动了乡村旅游资源的开发），还是从需求方来讲（乡村旅游受到越来越多人的喜爱，而随着越来越多的游客到乡村旅游，乡村的消费市场被进一步激活），都在推动资本的积累。随着资本的积累，乡村旅游业将实现进一步的发展。乡村旅游业的发展，将会为农民创造更多的就业机会，增加村民的经济收入，而村民收入的增长和乡村的发展又会进一步扩大投资，促进乡村进入新一轮的经济循环，其动态机制如图 3-7 所示。

① 陈伍香，李咏梅. 乡村旅游对欠发达旅游目的地影响探析：以桂林阳朔历村为例 [J]. 社会科学家，2010（9）：93-95，98.

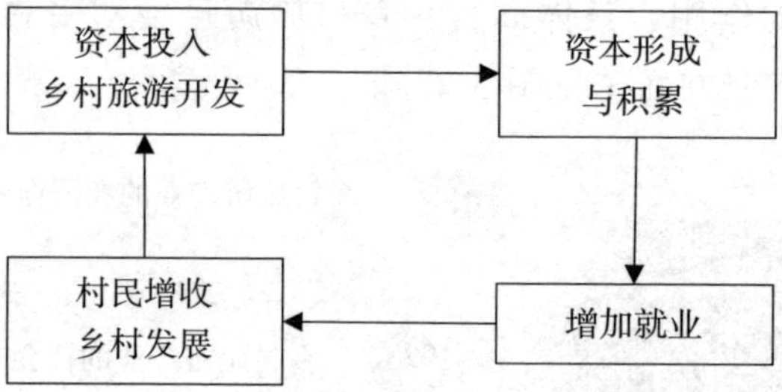

图 3-7　乡村旅游产业良性发展的动态机制

2. 有助于优化乡村的产业结构

乡村旅游产业是一个综合性的产业，其在发展过程中会影响诸多产业，如交通运输业、餐饮住宿业、工艺品制作业等，并促进这些产业的发展。随着乡村旅游产业的进一步发展，其与乡村其他产业的融合度也将会得到进一步的提升。在各产业的融合中，乡村旅游产业可以带动整个第三产业的发展，同时作为第三产业服务于第一、二产业，并促进第一、二产业的发展，而第一、二产业的发展又会反作用于第三产业和乡村旅游产业，形成对第三产业活动的新需求。在上述的相互作用下，乡村的产业结构实现了优化，并且形成了一种良性的经济循环结构，如图 3-8 所示。

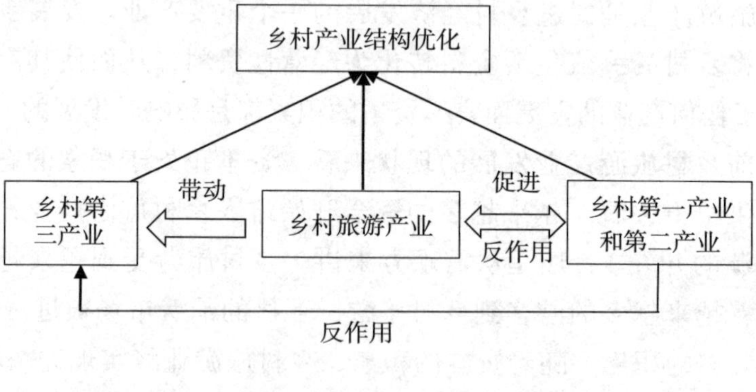

图 3-8　乡村旅游产业对乡村产业结构的优化

（二）乡村旅游产业的社会效应

乡村旅游产业除了具有经济作用外，还能够产生一定的社会效应，这也有助于促进乡村的振兴。具体而言，乡村旅游产业的社会效应主要包括以下三个方面。

1. 文化效应

乡村旅游产业的文化效应主要体现在两个方面：一方面体现在其对乡村文化的保护与传承；另一方面体现在其对人们精神文化生活需求的满足。乡村文化是乡村旅游产业发展的一个重要基础，也是乡村振兴的一个着力点。随着乡村的发展，优秀的传统乡村文化如何保护与传承便成了人们关注的一个话题。为了有效地保护与传承优秀的传统乡村文化，国家先后出台了一系列的政策，起到了非常积极的作用。在此基础上，将优秀的传统乡村文化开发成旅游产品，能够让人们进一步认识它、了解它，进而自愿去传承和保护它。此外，乡村旅游产业所包含的诸多类型的旅游产品也能够满足人们精神文化方面的需求，尤其对于一些长期生活在城市中的居民而言，乡村所具有的独特文化正是吸引他们的一个重要因素。

2. 生活效应

乡村旅游产业的发展在一定程度上改变了村民的生活方式和思想观念，这是其生活效应的集中体现。

（1）乡村旅游产业的发展使越来越多的村民具有了环保意识，也具有了乡村传统文化保护意识，这对于乡村的生态振兴和文化振兴都具有非常积极的意义。

（2）乡村旅游产业的发展在一定程度上拓宽了村民的眼界，村民的商品经济意识得到了进一步的提升。

（3）乡村旅游产业的发展促使村民对知识和文化有了更高的追求，越来越多的村民开始注重自身素养的提升。

（4）乡村旅游产业进一步促进了乡村和外界的交流，逐渐改变了乡村的生活方式。

3. 环境效应

乡村旅游产业的环境效应主要体现在其对乡村自然环境和人文环境所起的积极作用。在自然环境方面，乡村旅游产业的发展能够促进乡村基础设施的改造，如改造旱厕、提高绿化率、改善卫生条件等，这些对于乡村自然环境的优化都具有非常积极的作用。此外，乡村旅游产业对自然生态环境具有较高的要求，这能够使人们重视乡村生态环境的保护，减少生态环境污染和生态环境破坏的行为。在人文环境方面，乡村旅游产业的发展有助于加深人们对人文环境的认知，提高人们保护乡村人文景观的意识，进而实现乡村人文环境的优化。

综上所述，乡村旅游产业的社会效应主要体现在文化、生活和环境方面，这些方面也是乡村振兴的重要内容。推动乡村文化的传承与保护、推动村民生活方式的改变及促进乡村环境的改善，将大大有助于推动乡村振兴的实现。

（三）乡村旅游产业的就业带动作用

乡村旅游产业作为一种综合性的产业，具有人力资源密集性的特点，这决定了乡村旅游产业的发展需要投入较多的人力资源。对于乡村而言，产业结构单一（以农业为主）是导致乡村产生较多剩余劳动力的一个重要原因。随着乡村旅游产业的发展，将会产生越来越多的就业岗位，这有助于解决部分乡村劳动力过剩的问题。与此同时，乡村旅游产业的发展还会促进乡村产业结构的优化，而产业结构的优化也能够催生更多的就业岗位，进而为村民增加更多的就业机会。

三、乡村旅游产业的创新发展

综合分析乡村旅游产业发展的现状，乡村旅游产业的创新发展可以从以下四个路径做出思考（见图3-9）。

（一）乡村旅游规划创新

乡村旅游规划是指为了提高乡村旅游产业的综合效益而制定的构思和计划。乡村旅游产业是乡村产业振兴中的一个着手点，要想使其实现可持续的发展，旅游规划必不可少。面对人们旅游观念的不断更新，乡村旅游规划也需要与时俱新。基于对乡村旅游规划的认识，乡村旅游规划的创新可以从乡村旅游设施规划创新和乡村旅游景观规划创新两个方面着手。

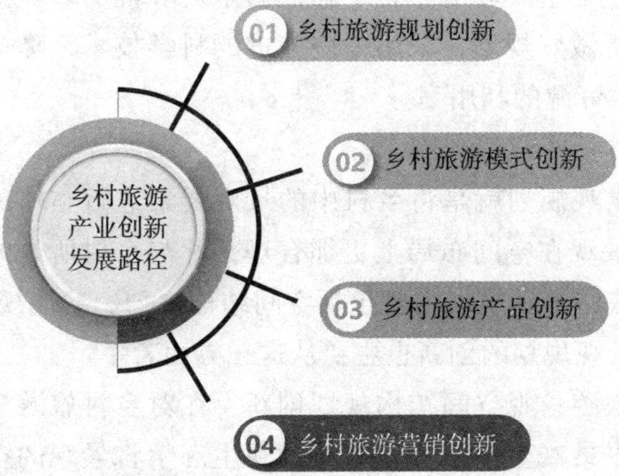

图 3-9　乡村旅游产业创新发展路径

1. 乡村旅游设施规划创新

乡村旅游设施包括乡村旅游基础设施与乡村旅游服务设施。其中，乡村旅游基础设施主要指卫生设施、交通设施、通信设施等基础性公共设施；乡村旅游服务设施主要指游乐设施、餐饮设施、住宿设施等能够为游客提供服务的设施。乡村旅游设施是影响游客旅游体验的一个重要因素，在进行规划时不能一味地延续传统的思路，而要结合乡村的发展及游客的需求不断创新，以此给游客带去良好的旅游体验。

（1）旅游设施应具备双规功能。所谓旅游设施的双规功能，是指旅游设施既能够为游客服务，也能够为当地的村民服务。旅游设施的建设需要投入一定的资金，如果在规划时能够同时从村民和游客需求的角度出发，重视旅游设施的双规功能，不仅有助于减少资金的投入，还有助于提升旅游设施的服务价值。

（2）旅游设施应与当地的文化相结合。乡村的特色文化是吸引游客的一个重要因素，所以在规划乡村旅游设施时，可以将当地的特色文化融入其中，以此来凸显当地的文化特色，并提高对游客的吸引力。

（3）旅游设施的建设应考虑生态和技术的有机结合。在对乡村旅游设施进行规划时，应立足于乡村生态保护，融入现代科学技术，使二者有机融合起来，从而实现乡村发展和生态保护的双重目标。例如，污水处理是乡村旅游中的一个重要环节，为了降低污水对环境的影响，在设计污水处理环节时便需要做好规划，采用一些先进的科学技术，降低污水对环境的污染，并提高水资源的利用率。

2. 乡村旅游景观规划创新

乡村旅游景观规划就是将乡村中的景观要素进行整体的规划设计，从而使乡村内的景观在空间布局上更加合理，并与乡村所处的自然生态环境相协调。乡村旅游景观规划主要包括空间结构规划、功能规划和视觉设计，所以乡村旅游景观规划的创新也主要从这三方面着手。

（1）乡村旅游景观空间结构规划创新。在对乡村旅游景观空间结构进行规划时，可以景观生态学为基础。景观生态学将景观的空间结构划分为三个主要元素：斑块、廊道和基质。在乡村旅游景观中，斑块主要包括湖泊、古建筑、耕地等，廊道则主要包括河流、道路等，基质则代表较大范围的生态背景，如山林。在对乡村旅游景观空间结构进行规划创新时，也主要围绕上述三个要素展开。

（2）乡村旅游景观功能规划创新。依据乡村旅游景观功能的不同，可以将乡村旅游景观规划为三个区域：服务区、游览区和体验区。服务区的功能是为游客提供住宿、饮食、购物相关的服务；游览区的功能是供游客游览参观，如游览参观乡村传统建筑；体验区的功能是为游客提供体验服务，如手工制作体验、农事劳作体验等。乡村旅游景观功能的规划创新主要是围绕上述三个区域展开的。

（3）乡村旅游景观视觉设计创新。针对乡村旅游景观视觉设计的创新主要从两个方面进行思考。①将乡村景观的焦点和边界内容有机结合起来。在针对乡村旅游景观进行视觉设计时，很多人都将重心放在焦点景观上，但其边界景观也发挥着非常重要的作用，所以应该将二者有机结合起来。②将乡村传统景观和人工设施有机结合起来。乡村传统景观是吸引游客的一个重要因素，而人工设施所具有的服务功能是影响游客旅游体验的一个重要因素。为了降低人工设施对乡村传统景观的影响，在进行视觉设计时，要将二者有机结合起来，确保乡村景观的协调性和整体性。

（二）乡村旅游模式创新

1. 常见的乡村旅游模式

在乡村旅游产业发展的过程中，形成了以下几种常见的乡村旅游模式，如表 3-2 所示。

表3-2　常见的乡村旅游模式

乡村旅游模式	乡村旅游模式的细化分类
田园农业旅游模式	田园农业游
	乡村生态游
	特色庄园游
	务农体验游
民俗风情旅游模式	乡土文化游
	民俗文化游
	民族文化游
农家乐旅游模式	民居型农家乐
	休闲娱乐型农家乐
	农业型农家乐
古村镇旅游模式	古镇建筑游
	民族村寨游
科普教育旅游模式	现代农业科技园
	乡村博览园
	主题农业园

2. 乡村旅游模式创新的策略

乡村旅游模式创新的策略可以从特色化和差异化两个方向着手。①特色化。在开发乡村旅游产品时，一定要以本土的特色内容为基础，重点突出本土文化的特色。本土的特色内容主要包含四个方面：一是乡村所具有的独特的自然景观；二是乡村所具有的深厚的或独特的文化；三是乡村所具有的农业景观；四是基于上述三者开发的特色旅游项目或旅游线路。②由于自然景观和文化具有地域性的特征，即在一定的地域范围内其自然景观和文化是相似的，这就需要不同的乡村做到差异化的发展，以此来凸显其旅游特色。例如，当一个地域范围内的乡村都依托农业景观发展乡村旅游时，不同的乡村或者相邻的乡村应发展不同的农业旅游模式，这样可以避免旅游产品的同质化，也可以避免乡村之间出现竞争，导致彼此的利益受损。

（三）乡村旅游产品创新

1. 乡村旅游产品创新的基本原则

（1）特色性原则。同质化是当前乡村旅游产品普遍存在的一个问题，这也是影响乡村旅游产业发展的一个重要原因，所以在创新乡村旅游产品时，特色化是需要遵循的一个原则。要凸显乡村旅游产品的特色化，除了依靠当地的特色文化外，还需要赋予产品设计更多的创意，这样才能最大程度地解决同质化的问题。

（2）可持续发展原则。人文旅游资源和自然生态旅游资源是乡村旅游产业发展的两个重要的资源支持，而无论是人文旅游资源，还是自然生态旅游资源都具有一定的脆弱性。因此，为了实现乡村旅游产业的可持续发展，在依托乡村人文旅游资源和自然生态资源进行旅游产品创新设计时，要遵守可持续发展原则。

（3）市场导向原则。乡村旅游产品最终需要进入市场，只有满足市场的需求，才能促进乡村旅游产业更好的发展。因此，在对乡村旅游产品进行创新设计时，不能闭门造车，而是需要对市场进行充分的调研，了解市场的需求，从而设计出能够满足市场需求的乡村旅游产品。

2. 乡村旅游产品创新的方向

乡村旅游产品的创新可以从乡村旅游产品的形式创新、乡村旅游产品的消费创新和乡村旅游产品的品牌树立三个方面进行思考。

（1）乡村旅游产品的形式创新。乡村旅游产品的形式是吸引游客的一个重要因素，所以在了解游客旅游需求的基础上，各乡村应基于其所具有的旅游资源，不断创新旅游产品形式，以此来持续满足游客的旅游需求。比如，“乡村旅游 + 历史传统文化”“乡村旅游 + 农耕文化”“乡村旅游 + 参与式农业”等，都是乡村旅游产品形式创新的几个方式。以南充市高坪区青居镇 1 200 亩的蓝莓种植基地为例，该基地采取的便是“乡村旅游 + 参与式农业”的形式，每到采摘季节，便会有大量的游客前来体验蓝莓采摘相关的农事活动。基地吸收了附近 200 余名村民作为长期工人或临时工，每年能为他们增收 1 万元至 3 万元不等。

（2）乡村旅游产品的消费创新。游客是乡村旅游产品的主要消费者，在传统的消费模式中，通常都是游客花钱观赏景观、购买旅游商品。随着游客旅游需求的变化，这种传统的消费模式对游客的吸引力越来越低，所以我们需要在乡村旅游的消费模式上做出创新。一个创新的方向就是将“消费购买”的模式转变为“消费 + 体验”的方式。例如，针对手工业相关的旅游产品，不再直接将成品售卖给游客，而是将原材料提供给游客，让游客自己制作，这样不仅可以加深游客的旅游体验，还可以提升旅游产品的价值，可谓一举两得。

（3）乡村旅游产品的品牌树立。在品牌意识愈加凸显的今天，加强乡村旅游产品的品牌意识显得尤为重要。乡村旅游产业发展的时间相对较短，很多乡村旅游产品的品牌效应并不大，其知名度大多局限在省域或市域范围内，这在一定程度上限制了乡村旅游产业的发展。因此，要树立乡村旅游产品的品牌意识，同时形成自己独特的品牌定位，进而借助旅游产品的品牌效应带动当地乡村旅游产业的发展。例如，为了进一步提升四川乡村旅游产品的影响力，打造系列性的乡村旅游品牌，四川省文化和旅游厅、四川省农业农村厅和自贡市人民政府在 2020 年的秋季合作主办了“安逸四川 · 秋约盐都”四川省第十一届（秋季）乡村文化旅游节。在此次乡村文化旅游节中，发布了四川乡村旅游 6 大主题产品（详细内容见表 3-3），极大地提高了四川乡村旅游产品的知名度。

表3-3　四川乡村旅游6大主题产品

产品名称	包括的旅游内容
自贡“诗意尖山”秋日休闲之旅	包括尖山风景区、尖山艺术小镇，旨在让游客领略自贡独有的璀璨光影和盐卤温泉
成都“文艺林盘”乡村之旅	包括崇州市竹艺村、大邑县安仁镇南岸美村、邛崃平乐古镇川西竹海、浦江明月村，触摸天府美学，旨在让游客领略古韵新风，品味田园诗画，在惬意的秋日的暖阳中收获归田园居的闲情逸致

（续表）

产品名称	包括的旅游内容
理县“藏羌民俗”体验之旅	包括桃坪羌寨、浮云牧场、古尔沟，旨在让游客体验藏羌文化主题民俗，品尝藏羌特色美酒美食，享受天然野奢养生温泉
攀枝花“阳光康养”度假之旅	包括普达阳光康养度假区、红格国际运动康养度假区、新山傈僳族乡新山村、格萨拉生态旅游区，旨在让游客享受温暖的阳光、品尝鲜美的水果
广元“赏叶摘果”体验之旅	包括东河口、青溪古城、阴平村、唐家河、青川县城战国木牍文化生态园，旨在让游客欣赏唐家河色彩斑斓的红叶，感受晨曦中森林大氧吧的独特魅力
达州“冰雪运动之旅”	包括欢喜坪度假区、渡口巴人风情小镇、巴山云顶、八台山、大巴山茶文化小镇、龙潭河，旨在让游客体验高山赏雪滑雪、徒步登山探险等冬日乐趣

（四）乡村旅游营销创新

1.乡村旅游营销的常见模式

在任何产业的发展中，营销都是一个非常重要的环节。就当前乡村旅游产业的发展而言，常见的营销模式有以下三种。

（1）人员推销。人员推销是最常见的一种传统营销方式，主要通过推销人员与消费者的直接沟通达到营销的目的。在人员推销这种模式中，推销人员是核心要素，他们除了肩负着推销旅游产品的职责，还肩负着其他三个职责：①在与游客接触的过程中，了解游客旅游需求，为乡村旅游产品设计提供参考信息。②维护客户。推销人员在将旅游产品推销给客户后，还需要继续维护客户，以确保游客在有旅游需求时能再次购买自己负责的旅游产品。③收集游客的旅游体验，并将信息反馈到旅游产品的负责人，以此来促进旅游产品的持续改进。

（2）价格营销。价格营销也是一种常见的营销方式，目前在乡村旅游中常用的策略主要有折扣策略和心理定价策略两种。①折扣策略。为了吸引更多的游客，旅行社经常会在价格上采取一定的折扣策略，如数量折扣、预付款折扣、季节折扣等，都是常用的折扣策略。②心理定价策略。心理定价策略就是通过分析消费者的消费心理，以定价的策略提高消费者购买旅游产品的积极性，如尾数定价策略、声望定价策略，都是常用的心理定价策略。

（3）广告营销。在信息化时代，广告营销的应用越来越普遍，它具有传播范围广、传播速度快的优点。在乡村旅游中，常用的营销媒体有广播电视、户外媒体和网络媒体三种。其中，网络媒体已成为三种媒体中的主流媒体，具有范围广、速度快、价格低的优点。例如，成都市文化广电旅游局开设了“文旅成都”的微信公众号（图 3-10 为该公众号的首页），该微信公众号的一个重要作用就是向外界宣传包括成都旅游和成都乡村旅游产品在内的所有相关信息。

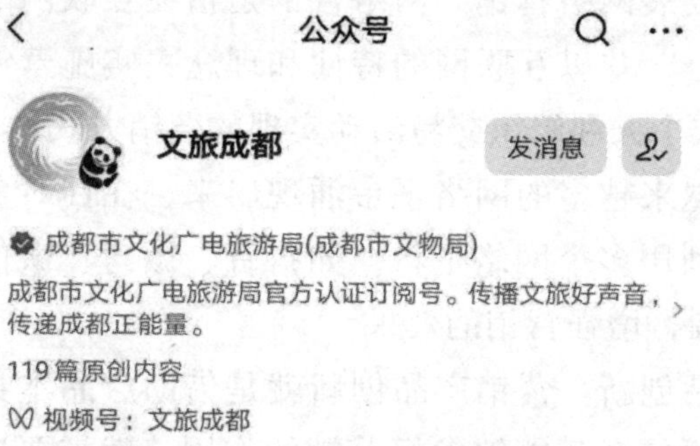

图 3-10 “文旅成都”微信公众号首页

2. 乡村旅游营销创新的方向

基于乡村旅游产业发展的现状，乡村旅游营销的创新可以从理念、方式和产品三个方面进行。

（1）营销理念创新。营销理念指导着营销活动的具体实施，具有怎样的营销理念，通常便会产生怎样的营销行为。就当前乡村旅游产业发展的现状来看，旅游企业应转变“企业利益为先”的传统营销理念，要构建兼顾企业和游客利益的营销理念。关于这一点，旅游企业可以借鉴 4R 营销理念，这是一种强调企业和顾客利益兼得，且注重企业和顾客之间长期有效互动的营销理念。4R 营销理念的 4R 分别为 relevance（关联）、reaction（反应）、relationship（关系）和 reward（回报），其示意如图 3-11 所示。

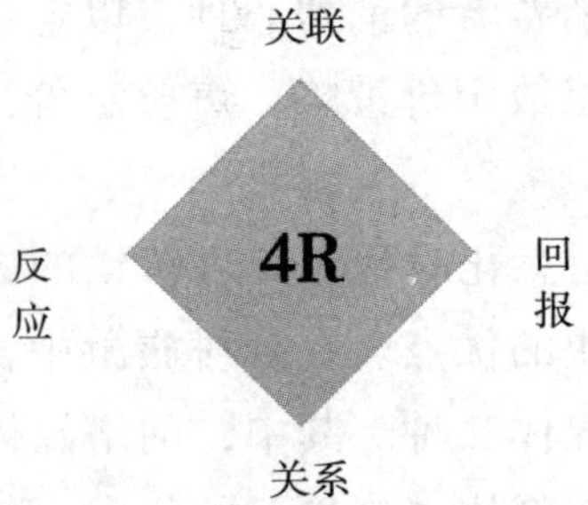

图 3-11　4R 营销理念示意

（2）营销方式创新。就乡村旅游产业发展的现状来看，其营销方式的创新主要是大力发展网络营销。网络营销是指在互联网的基础上，通过与其他媒体进行整合，并以互联网的特性和理念去实施营销活动，更有效地促成品牌的延伸或个人和组织交易活动实现的营销方式[①]。如今，随着互联网的快速发展，越来越多的网络平台涌现出来，在针对乡村旅游进行网络营销时，应同时利用多个网络平台，如抖音、微博、微信公众号等，以此来扩大营销的范围，增强营销的效果。

（3）营销产品创新。营销产品创新就是借助产品本身去促进乡村旅游营销的创新，而要使产品能够发挥营销的作用，就需要进一步打造乡村旅游品牌，从而借助产品的品牌效应实现营销的目的。

① 邹统钎. 乡村旅游：理论·案例 [M]. 2 版. 天津：南开大学出版社，2017：73.

第四章　乡村振兴的关键因素：人才支撑

第一节　新型职业农民培育与乡村振兴

一、新型职业农民阐述

（一）新型职业农民的提出及其概念

1.新型职业农民的提出

2005年，我国农业农村部首次提出了“职业农民”的概念，并将其界定为：农村劳动力中具有初中及以上文化程度，从事农业生产、经营、服务及农村经济社会发展等领域的农民。2012年，中央一号文件第一次使用了“新型职业农民”这一表述，并在同年印发了《新型职业农民培育试点工作方案》，随后，全国各地开始了新型职业农民的培育试点工作。2013年，《农业部办公厅关于新型职业农民培育试点工作的指导意见》（以下简称《指导意见》）对新型职业农民做了具体的定义：新型职业农民是指以农业为职业，具有一定的专业技能、收入主要来自农业的现代农业从业者。在此基础上，《指导意见》还从新型职业农民教育培训制度、新型职业农民的认定管理以及新型职业农民扶持政策等方面提出了一些具体的意见，对于指导各地新型职业农民的培育起到了非常积极的作用。

2. 新型职业农民的概念

在国家提出“新型职业农民”这一概念后，很多学者开展了对新型职业农民的研究，并在《指导意见》所界定的概念的基础上对新型职业农民的概念做了进一步的界定。例如，魏学文、刘文烈从职业农民和新型农民的特征出发，对新型职业农民做了如下界定：以农业为固定职业、具有较高的文化素质，有技术、懂经营、会管理的新一代农民①。董洁、李宏伟等人则认为，新型职业农民是指掌握现代农业生产经营的专业知识和技能，以自主选择为前提、以市场为导向，在农业产业环节中从事生产、经营、服务等专业工作，并获得相应报酬的职业群体②。蒋平从职业农民与传统农民的差别着手，认为新型职业农民是在传统农民的基础上发展而来的，是指自主选择在农业充分就业，专业从事农业生产、经营或服务工作，具有较高农业生产技能，具有一定生产规模，其主要收入来源于农业生产且高于当地城镇居民平均收入水平的职业化农民③。

虽然不同学者针对新型职业农民概念的论述存在一些差异，但其核心内容是相同的。综合各学者的论述，可将新型职业农民的概念界定为：新型职业农民是指以农业为职业，了解最新农业政策，掌握一定的农业技术，具备一定的农业经营管理经验，具备较高的思想文化素质和科学素养的现代农民。

（二）新型职业农民的类型

新型职业农民大致包含四种类型：生产型职业农民、技能型职业农民、服务型职业农民和经营型职业农民。

---

① 魏学文，刘文烈. 新型职业农民：内涵、特征与培育机制 [J]. 农业经济，2013（7）：73-75.

② 童洁，李宏伟，屈锡华. 我国新型职业农民培育的方向与支持体系构建 [J]. 财经问题研究，2015（4）：91-96.

③ 蒋平. 新型职业农民培育的几点思考 [J]. 农民科技培训，2012（4）：6-8.

1. 生产型职业农民

生产型职业农民通常指掌握了一定的农业生产技术，具有比较丰富的农业生产经验，直接从事经济作物种植、鲜活食品、园艺、创汇农业等具有较高附加值农业生产的劳动群体。比如，家庭农场主、专业大户、农民合作社带头人等都属于生产型职业农民。

2. 技能型职业农民

技能型职业农民通常指具有一定专业技能的劳动群体。技能型职业农民一般在家庭农场、农业企业、农民合作社等地从事农业产生活动，由于他们具有一定的专业技能，所以能够产生较高的劳动价值。

3. 服务型职业农民

服务型职业农民通常指掌握了一定的农业服务技能，并服务于农业生产全过程的农业社会化服务人员。比如，村级动物防疫员、统防统治植保员、农机服务人员等都属于服务型职业农民。

4. 经营型职业农民

经营型职业农民通常指掌握了一定的农业生产技术，具有比较丰富的农业生产经营经验，且具有一定资金的劳动群体。经营型职业农民主要从事的是农业生产的经营管理工作，如农村经纪人、农村信息员等都属于经营型职业农民。

（三）新型职业农民与传统农民的区别

新型职业农民是农业现代化的产物，与传统农民相比存在较大的区别，如表 4-1 所示。

表4-1　新型职业农民与传统农民的区别

新型职业农民	传统农民
新型职业农民这一概念具有现代经济意义，强调的是产业结构	传统农民更多代表的是一种传统的“身份”，强调的是社会结构
新型职业农民的流动性较强，其流动是受劳动力市场决定的	传统农民的流动性较弱，具有一定的封闭性

（续表）

新型职业农民	传统农民
新型职业农民享有职业保障和权益，并且由于他们具备一定的文化与科技知识，所以能够更好地适应市场的变化	传统农民大多为个体经营，缺乏保障，而且由于他们的文化素养相对较低，对市场的适应性较弱

二、培育新型职业农民是乡村振兴的内在要求

人才振兴是乡村振兴的内在要求，新型职业农民作为乡村人才的一种，在推动乡村振兴中发挥着非常重要的作用，所以培育新型职业农民也是乡村振兴内在要求的一种体现。如果对内在要求做深入的分析，主要体现在以下三个方面。

（一）农业现代化需要培育新型职业农民

纵观世界农业现代化的进程，可将其大致划分为两个阶段：传统农业阶段和现代农业阶段。通过对这两个阶段的对比，有助于我们对农业现代化形成更加深入的认知。具体对比内容如表 4-2 所示。

表4-2　传统农业和现代农业的对比

对比要素	传统农业	现代农业
基本要素	土地资源	土地资源、现代科技，出现了人力资本和金融资本代替传统劳动和土地的趋势
主要特征	手工劳动、传统工具	信息化、生物化、生产标准化、管理现代化、产品商品化
生产经营单位	家庭	家庭农场、农业企业
主要生产环节	局限于产中环节	现代化生产，产前、产中、产后环节快速发展
生产的主要目的	解决基本的生存和发展问题	在解决基本的生存和发展问题的基础上，提高生产效益和生态效益，满足农产品的质量需求

（续表）

对比要素	传统农业	现代农业
经济形态	自给自足的自然经济	从物质经济走向服务经济和知识经济
与自然生态的关系	低层次的和谐	逐步走向和谐

由表 4-2 可知，与传统农业相比，现代农业在基本要素、主要特征、生产经营单位、主要生产环节、生产的主要目的、经济形态及与自然生态的关系方面都发生了变化，这些变化也是农业现代化具体要求的体现。显然，传统农民很难满足农业现代化的要求，因此，面对农业现代化这一农业发展需求，就需要培育新型的职业农民，从而更好地推动农业现代化的建设。

（二）农村现代化需要培育新型职业农民

农村现代化以建设生态、和谐、文明的新农村为目标，以乡村产业的融合、农业发展的绿色高效及农民的知识化为途径，以民主法治的农村社会管理为保障，涵盖了政治、文化、经济、社会、自然生态等多个因素。乡村振兴战略的实施，开启了我国农村现代化建设的新征程。随着农村现代化建设步伐的加快，对人才需求的紧迫程度也随之提高，而培育新型职业农民能够在一定程度上满足乡村对人才的需求，进而促进农村现代化的建设。

（三）农民现代化需要培育新型职业农民

农民现代化指向的主体是农民，所以农民现代化其实就是人的现代化，即农民的意识、能力和素质都符合现代社会的要求。在乡村振兴中，农民是主体之一，而农民的现代化有助于激发农民这一主体的内生动力，从而进一步推动乡村的振兴。通过前面对新型职业农民概念的界定可知，新型职业农民掌握了一定的农业技术，具备一定的农业经营管理经验，同时具备较高的思想文化素质和科学素养，新型职业农民符合农民现代化的需求。由此可见，培育新型职业农民是实现农民现代化的一个有效途径，也有助于推动乡村实现全面的振兴。

三、培育新型职业农民的路径

新型职业农民作为乡村人才的一种，在推动乡村振兴中发挥着非常重要的作用，所以培育新型职业农民至关重要，同时这也是实现乡村人才振兴的一个重要环节。基于对新型职业农民的认知，本节总结了以下五条培育路径（见图 4-1）。

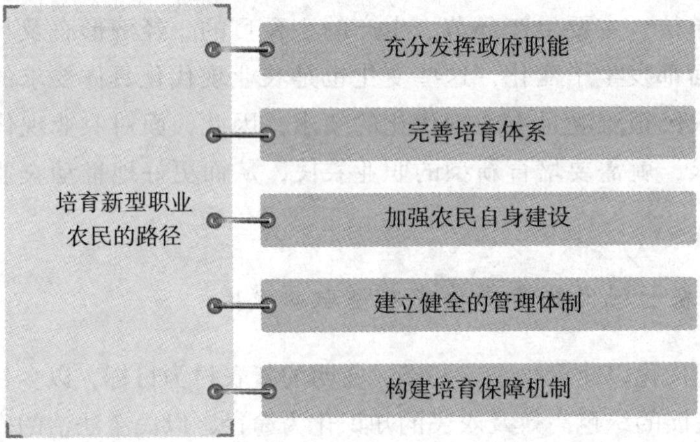

图 4-1　培育新型职业农民的路径

（一）充分发挥政府职能

在新型职业农民培育中，政府应充分发挥其在新型职业农民培育中的职能作用，为新型职业农民的培育创造良好的政治生态环境。

1. 健全相关法律法规

健全的法律法规可以为新型职业农民的培育提供支持和保障。在国家层面，可以制定相关的法律法规，将新型职业农民培育相关的主体职责予以明确，以此来进一步规范新型职业农民培育相关教育活动的展开；在省级政府层面，可以结合本省乡村振兴的整体规划，制定新型职业农民培育相关的规章，对新型职业农民培育相关教育活动的展开进行更加明确的规定；在基层政府方面，可以结合当地乡村发展的特点，制定指导性的文件，加强对新型职业农民培育的规范。总之，针对新型职业农民的培育，政府应健全相关的法律法规，使新型职业农民的培育制度化，从而确保新型职业农民的权利得到保障。

2.出台支持政策

在健全法律法规的基础上，政府还可以出台一系列的支持政策，这样可以吸引更多的人才，同时也可以吸引更多的农民转型。在制定支持政策时，政府应征集多方的意见，开展实地调研，然后结合乡村发展实际及新型职业农民培育的现状，制定更具针对性的政策。与此同时，上级政府部门要加强对下级政府部门的指导，确保政策的落实。当然，由于不同地区的乡村发展存在差异，所以在政策落实的过程中，地方政府还可以结合当地的实际情况，对上级部门制定的政策做进一步的细化，以此来进一步提升政策的针对性和实效性。

（二）完善培育体系

健全的培育体系能够提高新型职业农民培育的效率，所以各地应结合实际情况完善新型职业农民的培育体系。虽然各地的情况存在差异，但基本可以围绕资金投入、培育方式及教师资源库建立三个方面展开。

1.扩大资金投入来源

新型职业农民的培育离不开资金的支持，这是整个培育体系的根基。为了确保资金的充足，各地应扩大资金投入的来源。就新型职业农民培育而言，政府投资是资金投入的一个重要来源，在此基础上，各地还需要拓宽融资的渠道，吸引更多的企业、社会组织和个人进行投资，支持新型职业农民培育工作的展开。

2.提高培育方式的针对性

培育方式是培育体系的核心内容，为了提高新型职业农民培育的效率，各地应结合乡村发展的实际情况，设计具有针对性的培育方式。至于如何提高培育方式的针对性，可以从两个方面着手：①因“人”制宜，即结合当地农民的实际情况，包括受教育程度、技能掌握情况等，制定不同培训课程；②因“农”制宜，即结合当地农业发展的需求情况，总结当地新型职业农民应具备的技能、能力和素养，然后制定相应的培训课程。

3. 加强教师资源库建设

教师在新型职业农民培育体系中占有重要地位，在很大程度上影响着新型职业农民培育的效率，所以各地应加强教师资源库的建设。在市域范围内，面向公立学校、培训机构选取优秀的教师，按照新型职业农民培育的需求对教师进行分类，建立多层次的新型职业农民培育教师资源库。在省域范围内，可加强不同市教师的交流和学习，以此来促进教师综合素质的提高。

（三）加强农民自身建设

农民是新型职业农民培育指向的一个重要主体，除了从外部加强引导和支持之外，还需要加强农民自身建设，激发农民的内生动力，从而进一步提高新型职业农民培育的效率。

1. 增强农民的主体意识

在新型职业农民相关的培育工作中，农民是主体，培育者要让农民意识到这一点，这样能使培育工作事半功倍。一方面，在培育工作中，培育者要多倾听农民的想法，让农民大胆发表自己的意见，不仅可以让农民感受到自己是被尊重的，而且也能够使农民在自主的思考中逐渐提高主体意识；另一方面，培训者可以引导农民主动利用身边的各种资源，去进行自我培训、自我提高，从而让农民在自主的实践中增强主体意识。

2. 转变农民的思想观念

自改革开放以来，广大农民的观念已经发生了很大的转变，但有些农民仍旧受传统观念的束缚，这是影响新型职业农民培育工作有效开展的一个因素。因此，基层政府应加强相关方面的宣传引导工作，让农民对现代社会发展以及乡村的现代化有更加深刻的认知，逐步引导他们意识到转型为新型职业农民的重要性。这样可以提高农民参与培训的积极性，进而提高培训的效率。

（四）建立健全的管理体制

管理体制也是新型职业农民培育中的一个要素，影响着培育工作的效率，所以建立健全的管理体制非常重要。新型职业农民培育管理体制的健全可以从以下两方面做出思考。

1.建立完善的考核机制

为了确保新型职业农民培育的效率，应建立完善的考核机制。考核机制的建立应指向新型职业农民培育中涉及的三个主体：政府、培训组织、参与培训的农民。针对政府而言，要将新型职业农民培育工作纳入考核，避免出现走形式的现象；针对培训组织而言，要制定明确的培训标准，只有达到培训标准，并验收合格后，才可以进行资金结算；针对参与培训的农民而言，要制定考核标准，只有达到考核标准，才颁发结业或认定证书。

2.制定认定管理制度

新型职业农民应该有相应的认证标准，这样可以提高培训工作的可操作性，同时也可以为相关考核工作的开展提供参考标准。由于农业涉及的范围很广，所以在制定认定管理制度时，需要针对不同的产业，进行分类别认证。在此基础上，还可以设定“一级、二级、三级、四级”四个等级，当低等级的达到高等级的标准后，便可以通过申请或考核的方式获得更高的等级。通过认证的新型职业农民，可以享受相应的优惠政策，这样能够吸引更多农民参与新型职业农民培育。

（五）构建培育保障机制

保障机制的构建可以保障新型职业农民培育工作的顺利开展，也有助于提高农民参与培育的积极性，所以构建培育保障机制也至关重要。新型职业农民培育保障机制的构建可以从思想保障、法律保障和监督保障三个方面着手。

1.做好思想保障工作

思想的稳定性是影响新型职业农民培育工作有效性的一个重要因素，包括政府工作人员思想的稳定性、培训者思想的稳定性以及参与培训的农民思想的稳定性。在这三者中，农民思想的稳定性相对较差，因为在培训的初期，很难看到实际的效果，这容易使农民的思想产生动摇，进而影响学习效率。因此，思想保障工作的重心应放在农民上。无论是政府的工作人员，还是培训者，在开展培训工作的过程中，应留意农民的思想变化，当发现农民出现思想动摇时，应及时开展思想教育工作，让农民坚定参与培训的信念，以此来确保农民能够持续以一个比较好的状态参与培训，并真正获得提升。

2. 做好法律保障工作

在做好思想保障工作的基础上，还需要做好法律保障工作，以此来保证各参与主体的权益能够得到保障。尤其对于农民，对于有意向参与且已经参与培训工作的农民，无论是政府工作人员，还是培育者，都不能无故取消他们的培训资格。对于已经得到认证的新型职业农民而言，要用法律保障相应优惠政策的落地，这样有助于他们持续地进行学习，从而真正实现从传统农民到新型职业农民的转型。

3. 做好监督保障工作

监督是一把利剑，能够保证新型职业农民培育工作的有效进行。要做好监督保障工作，需要同时从外部和内部两个层面着手。从外部监督层面来看，政府监督是核心，政府应采取定期审查和不定期审查两种方式，对培训组织的培训工作进行检查，了解培训工作的开展情况，对于培训工作开展不利的组织机构，应予以相应的批评和惩罚。除了政府监督之外，社会监督也是一个有效的途径，即政府应开设社会监督平台，社会人员可以针对新型职业农民培育相关工作的开展情况进行监督，然后通过监督平台反映问题，政府针对问题进行核查，并结合核查结果采取相应的措施。从内部监督的层面来看，主要是引导农民加强自我监督，让农民正确看待自身存在的问题，并反思自己的行为，从而在自我监督中实现自我的持续发展。

第二节　乡村专业人才队伍建设

乡村专业人才是乡村振兴人才体系中的骨干力量，在促进乡村经济发展、文化建设等方面发挥着重要的作用。在乡村人才振兴中，乡村专业人才队伍建设是不可或缺的一环。关于乡村专业人才队伍的建设，可以从农业科研人才队伍建设、农技推广人才队伍建设、实用人才队伍建设、农业技能人才队伍建设和创新创业人才队伍建设五个方向做出思考（见图 4-2）。

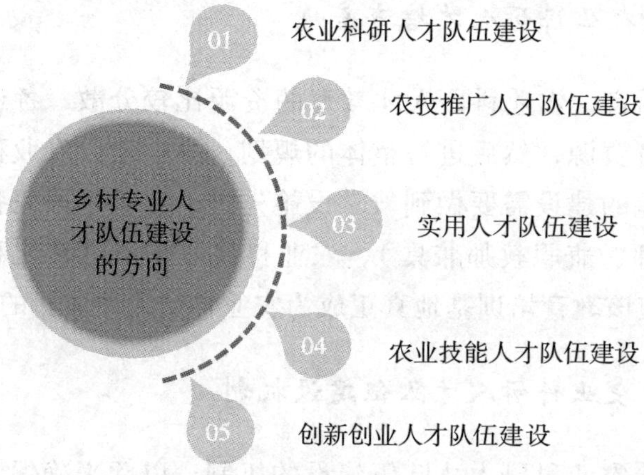

图 4-2　乡村专业人才队伍建设的方向

一、农业科研人才队伍建设

农业科研人才是强农富农的一个重要因素，随着农业产业化、农村城镇化、农村现代化步伐的加快，农业生产生活方式的转变，农村经济结构的调整，加快农业科研人才队伍的建设既面临着难得的机遇，又迎来了严峻的挑战。各地应把握机遇，直面挑战，不断提高农业科研人才队伍建设的成效。

（一）加大农业科研人才队伍建设的支持力度

农业科研人才队伍的建设需要投入较多的资金，为了确保资金的充足，各地可以建立以政府为主导的多元资金投入机制，引导企业、社会组织及个人为农业科研人才队伍的建设投入扶持资金，然后设立“农业科研人才发展专项资金”，专门用于农业科研人才的培训、引进、科学研究、奖励资助等。为了吸引更多的企业和社会组织参与农业科研人才队伍建设，政府可以制定一些税收、贷款等优惠政策，这样不仅可以进一步拓宽乡村科研人才培育的路径，还有助于促进企业的发展，可谓一举两得。

（二）建设农业科研人才培育基地

对于乡村而言，农业科研人才教育的资源比较分散，各地可以整合市域范围内的教育资源，然后进行整体的规划，集中建设农业科研人才培训教育基地。基地的建设需要做到教学设施先进，实验手段完备，师资力量雄厚（专职教师、兼职教师兼具），农业科技成果引进转化和推广渠道通畅，这样才能使该教育培训基地真正成为农业科研人才成长的摇篮。

（三）创新农业科研人才队伍建设机制

各地应完善农业科研人才队伍建设的机制，以此来确保农业科研人才能够引得来、留得住、用得上。在人员编制上要向农业部门倾斜，适度增加区乡（镇）两级农业科研机构人员编制，建设一支专业、强大的农业科研队伍。应进一步改革职称评聘制度，对业绩能力突出的农业科研人才，申报相应的职务职称资格时，可适当放宽论文、学历、资历、外语条件等方面的要求；对紧缺岗位且业绩能力突出的农业科研人才，可适当放宽职称聘任职数限制；对有特殊贡献的农业科研人员，应给予相应的奖励。

二、农技推广人才队伍建设

农业科技从研发到应用，每一步都不能缺少人才的支撑，农技推广人才的作用就是打通农业科技下乡的“最后一公里”，加快农业科技成果的推广和转化，以便使农业科技成果更有效地应用到乡村农业产业的发展中。因此，在农业专业人才建设中，除了要注重农业科研人才的建设，还需要注重农技推广人才的建设。

（一）完善农技推广人才的引进和培养机制

1. 加强农技推广人才的引进力度

人才引进是充实当地人才体系的一个有效途径，为了促进农技推广人才队伍的建设，各地可以加强农技推广人才引进的力度。当然，农技人才的引进不能是盲目的，而是要综合考虑当地农业产业的规模和特点，明确当地对农技人才的需求情况，然后针对性地引进，这样才能使人才的价值得到更加充分的体现。

2.完善农技推广人才培养机制

在引进农技推广人才后，为了实现人才的可持续发展，并将人才保留下来，还应该完善农技推广人才培养机制。比如，每年定期对农技推广人才进行专业知识培训，培训时间累计不少于90学时。为了保证培训的效果，对参加培训的人员要进行考核，然后依据考核的结果进行奖惩。

（二）强化农技推广人才激励考核机制

1.认真解决农技推广人才相关待遇问题

待遇问题是农技推广人才最为关心的一个问题，为了解决农技推广人才的后顾之忧，各地应认真解决农技推广人才待遇相关的问题。通常情况下，各地都会按照国家规定的乡镇农、林、牧、渔一线工作人员的工资政策进行落实。在此基础上，各地还可以结合当地发展的实际情况，针对农技推广人才的工作待遇进行一定的浮动。

2.加大农技推广人才的奖励和选拔力度

对于表现优异的农技推广人才，各地应加大奖励和选拔力度。比如，每年可以按照有关规定确定奖励名单，奖励标准依据当地经济发展情况而定。奖励和选拔制度的制定可以提高农技推广人才工作的积极性，同时也有助于留住优秀的农技推广人才。

3.健全农技推广人才考核制度

除了针对参与培训的农技推广人才制定考核制度外，还需要针对所有的农技推广人才制定普适的考核制度。考核制度有助于约束农技推广人才的行为，促使农技推广人才认真履行自己的职责。考核结果可以向社会公开，并将考核结果作为农技推广人才绩效奖励、职称评聘、研修深造的一个参考标准，对于考核不达标的人员，可采取一定的批评和惩罚措施。

三、实用人才队伍建设

乡村实用人才的特征是掌握了一定的知识和技能，能够起到一定的示范带动作用。在各类乡村人才中，实用人才在带领农民群众增收致富上发挥着重要的作用。所以实用人才队伍建设也是乡村专业人才队伍建设的一个重要方向。

（一）注重新型职业农民的培育

新型职业农民是乡村实用人才的一种，在促进乡村发展上发挥着重要的作用。随着乡村的发展，传统农民越来越难以满足乡村发展的需求，所以培育新型职业农民显得越来越重要。关于新型职业农民的培育，本章第一节已经做了系统的论述，在此不再赘述。

（二）完善实用人才培训机制

实用人才队伍建设应施行实用人才带头人示范培训行动，扩大乡村实用人才培养规模，以此来扩大乡村实用人才培训的影响力。在此基础上，加强培训教师队伍建设，开发针对性的培训用教材，改进参与培训农民的选拔和培训方式，注重培训内容的丰富和培训方式的创新，从而不断提高培训的综合效益。

（三）拓展实用人才培育途径

随着乡村的不断发展，乡村对实用人才的需求将会持续增加，各地需要不断拓展实用人才的培育途径。例如，可以施行“乡村实用人才学历提升计划”，将一些要培养的实用人才送到一些合作院校进行深造，从而培养一批具有较高学历的乡村实用人才；还可以充分发挥社会化服务组织、专业合作社、农业产业化龙头企业等各类新型经营主体，以及行业协会等社会组织在乡村实用人才培养中的“蓄水池”作用，让他们参与乡村实用人才培养的计划，从而进一步扩大乡村实用人才培养的规模。

四、农业技能人才队伍建设

农业技能人才是指掌握农业生产服务专门知识和技术，具备一定的操作技能，并在工作实践中能够运用自己的技术和能力进行实际操作的人员。

农业技能人才是乡村专业人才中的重要力量，建设农业技能人才队伍也是乡村专业人才队伍建设的一个重要方向。

（一）加强对农民的职业技能培训

新型职业农民是一种职业，他们应该掌握专业的技能，怎样才称得上是专业的农业技能人才？需要加强对农民的职业技能培训。对农民的职业技能培训应该多渠道并举：一方面，政府应发挥主导作用，进行宏观的统筹规划，使农民职业技能培训渗透到每个乡村，同时邀请相关方面的专家对农民进行就近培训；另一方面，各地要充分利用本地的教育资源，如农业大学、农业企业、农业科研院所、农民专业合作社等，为农民提供更加全面的职业技能培训。

（二）做好职业资格认定工作

在重视农民专业技能培训的同时，还需要严格落实《国家职业资格目录》的有关要求，做好职业资格认定工作，这样可以进一步规范农业行业的职业资格认定管理。当然，在具体落实的过程中，各地要结合当地农业产业发展的实际情况，进一步细化农民职业资格认定管理办法，明确农民职业资格认定标准、条件、程序以及准入和退出的机制，以便更加有效地开展农民职业资格的认定工作。

（三）严把农业技能人才培养质量关

农业技能人才的培育不仅要注重数量，还要注重质量，相关部门要严把人才培养质量关。对农业技能人才培养来说，如果不重视培养质量，便培养不出拔尖的人才，也就产生不了带领乡村发展的领军人物。与此同时，没有一个高素质的农业技能人才队伍支撑，乡村诸多产业也就很难实现实质性的发展，产业竞争力也无从谈起。因此，相关部门一定要抓住农业技能人才培养质量这条“生命线”，从而推动农业技能人才培育工作的可持续发展。

五、创新创业人才队伍建设

创新创业人才在乡村专业人才队伍中扮演着非常重要的角色，他们是推动乡村发展的生力军。

（一）营造良好的创新创业环境

良好的创新创业环境可以提高广大农民群众的创新热情，并吸引更多人到乡村进行创业。良好创新创业环境的营造需要政策的支持，面对这一需求，农业农村部、国家发展改革委、教育部、科技部、财政部、人力资源社会保障部、自然资源部、退役军人部、银保监会九部门联合发布了《关于深入实施农村创新创业带头人培育行动的意见》（以下简称《意见》），《意见》明确了乡村创新创业带头人培育的重点：①扶持返乡创业农民工。遴选一批创业激情旺盛的返乡农民工，加强指导服务，重点发展特色种植业、规模养殖业、加工流通业、乡村服务业、休闲旅游业、劳动密集型制造业等，吸纳更多农村劳动力就地就近就业；②鼓励入乡创业人员；③发掘在乡创业能人。各地应以《意见》为指导，结合本地实际情况，制定更加细化和具体的策略，从而借助良好的创新创业环境激发乡村创新创业的内生动力。

（二）加强对乡村“双创”人才的支持力度

无论是吸纳更多的“双创”人才，还是注重乡村本地“双创”人才的培育，都需要加大对乡村“双创”人才的支持力度。

1. 加强对乡村“双创”人才的金融支持

对于乡村“双创”人才而言，资金是支撑其开展创新创业相关活动的一个重要支撑，各地需要加强对乡村“双创”人才的金融支持。

（1）政府应引导金融机构丰富金融产品形式，支持乡村“双创”人才的创新创业活动。

（2）发挥国家融资担保基金等政府性融资担保体系作用，积极为农村创新创业带头人提供融资担保。

（3）借助互联网的优势，采取“互联网＋返乡创业＋信贷”等农村贷款融资模式。

2. 加强对乡村“双创”人才创业用地支持

土地虽然不是创新创业活动中不可或缺的要素，但有些创业活动需要一定规模的土地才能开展，针对这种情况，各地政府应加强对乡村“双创”人才创业用地的支持。

（1）各地政府应做好年度用地规划，为乡村“双创”人才的创业用地提供保障。

（2）推进农村集体经营性建设用地入市改革，支持开展县域农村闲置宅基地、农业生产与村庄建设复合用地、村庄空闲地等土地综合整治，农村集体经营性建设用地、复垦腾退建设用地指标，优先用于乡村新产业新业态和返乡入乡人才的创业活动。

（3）创新乡村用地方式，提升乡村用地效率，以便能够为“双创”人才的创业提供更多的土地。

（三）加强乡村“双创”培育队伍建设

乡村“双创”人才的培育离不开培育队伍的支持，而且“双创”人才在来到乡村后，也需要进行继续教育，各地政府应该在师资力量层面为乡村“双创”人才队伍的建设提供保障，切实为乡村“双创”人才培养队伍的建设增砖添瓦。

第三节　社会各界力量投身乡村建设

一、社会各界力量在乡村振兴中发挥的作用

2018 年，中共中央、国务院发布的《中共中央 国务院关于实施乡村振兴战略的意见》（以下简称《意见》）指出了要扩大造就乡土人才的通道，广纳贤才，鼓励、动员社会各界投身乡村建设事业。《意见》还提到了被重点鼓励参与乡村振兴的社会各界力量，包括企业家、党政干部、专家

学者、医生教师、规划师、建筑师、律师、技能人才等在内的各行各业代表，致力于投身现代农业的社会人才，工会、共青团、妇联、科协、残联等群团组织，民主党派、工商联、无党派人士等。由于不同类型的社会各界力量所擅长的方向不同，所以他们在乡村振兴中发挥的作用也存在差异。

包括企业家、党政干部、专家学者、医生教师、规划师、建筑师、律师、技能人才等在内的各行各业代表，他们长期从事某一行业领域的工作，具有丰富的行业领域经验，能够发挥带头人的作用，带领广大的农民群众在其所从事的行业领域深耕细作，从而带领农民群众实现增收创效。他们还可以以志愿者的身份到乡村，为农民提供咨询服务，或开展相关技能的培训，帮助农民实现职业技能的提升。

致力于投身现代农业的社会人才，如民营企业家、农科类毕业的大学生、掌握了先进技术（尤其是农业方面的先进技术）的人才，他们在不同的专业方面有着不同的优势，能够为乡村农业的发展提供资金、技术与服务等方面的支持，从而促进乡村农业的发展。

工会、共青团、妇联、科协、残联等群团组织，民主党派、工商联、无党派人士等，他们与群众的联系比较紧密，同时具有较强的政治素养，可以在政策宣传及活动组织方面发挥积极的作用。例如，工商联可以组织企业家下乡创业，或者为农民讲解创业的经验，开阔农民的眼界。

总之，社会各界力量在乡村振兴中发挥着非常重要的作用，所以，乡村人才的振兴，不能只着眼于乡村本身，而要从整个社会中吸纳人才，从而更快地推动乡村的全面振兴。

二、社会各界力量投身乡村建设的路径

根据社会各界力量的类型及其作用，其投身乡村建设的路径有以下四条（见图 4-3）。

（一）引导工商资本参与乡村建设

工商资本下乡是指在国家政策的指引和利润的推动下，城市工商业者将资本注入农业乡村领域，推动城市资金、人才、技术等现代生产要素和乡村产业等生产要素融合，通过集约化、规模化、企业化方式进入农业生

产各生产环节和领域，从而提升农业生产效率的现代农业生产经营活动[①]。工商资本下乡对于促进乡村发展具有非常重要的意义，各地应积极鼓励和引导工商资本下乡，具体可从如下几方面着手。

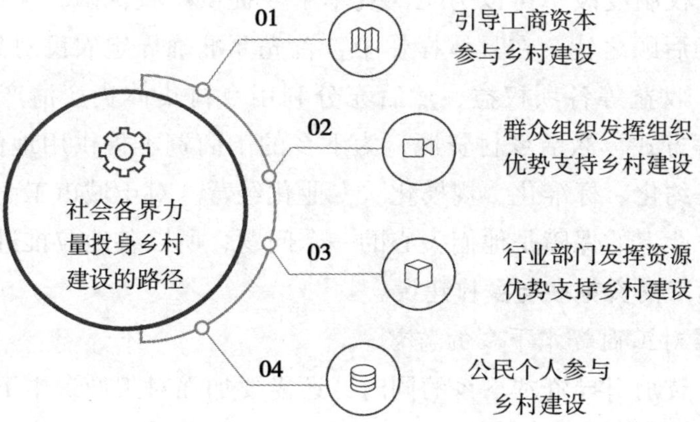

图 4-3　社会各界力量投身乡村建设的路径

1. 给予政策上的支持

政府出台相关的支持政策，可以吸引工商资本进入乡村，从而起到提升农业产值效能和现代化经营水平的作用。中共中央、国务院于 2018 年发布的《中共中央 国务院关于实施乡村振兴战略的意见》中便指出了要充分鼓励和引导城市工商资本积极参与乡村建设，为乡村发展注入新动能。在 2019 年国务院印发的《关于促进乡村产业振兴的指导意见》中，对引导工商资本下乡做了更加具体的指示。各地政府应以中央印发的文件为指导，结合当地工商资本发展的现状，制定更为细化的支持政策，从而更好地引导工商资本下乡。

2. 构建科学的利益联结机制

利益联结机制不仅有助于企业的发展，也能够使农民真正得到实惠。所以在鼓励资本下乡的同时，各地还需要构建科学的利益联结机制，这样才能实现工商资本下乡企业与农民利益共同体的利益最大化。在具体的实践中，可以秉承“资金变股金、资源变资产、农民变股东”的原则，发展

① 李家祥. 工商资本下乡经营农业：机遇与挑战 [J]. 求实，2016（7）：89-96.

混合所有制经济模式，然后通过相互持股的方式，充分发挥各资本的优势作用，最终使企业和农民都可以从中受益。

3. 推进乡村产权制度改革

乡村产权制度改革可以为工商资本下乡提供产权保障，从而减少城市工商业者的后顾之忧。在具体操作中，首先要准确界定农民对集体资产股份的占有、收益等各项权益，然后充分利用乡村集体资产清产核资成果、土地确权等方式，激活乡村资源，为下乡的工商资本提供用地保障，进而促进企业集约化、标准化、规模化、专业化经营。对于城市工商业者而言，如何获得产业上的保障是他们关心的一个问题，所以各地应推进产权改革，以此来吸引工商资本参与乡村建设。

4. 加强对工商资本下乡的监督

在积极鼓励引导资本下乡的同时，还需要加强对工商资本下乡的监督，以此来确保市场秩序。对于乡村来说，他们缺少现代生产要素，而资本下乡在带来资金的同时，也带来了诸多现代生产要素，这对于促进乡村的发展具有与非常重要的意义。但部分工商资本下乡后，却以发展乡村旅游、特色小镇等为名义，“跑马圈地、圈而不种”，开展“非农化”的经营，而一旦经营不善就“跑路”，给乡村留下诸多后遗症。因此，必须要加强对工商资本下乡的监督，最大限度地避免上述情况的发生。首先，政府要建立严格的准入机制，政府要严格考察下乡企业的信用状况，避免信用不良的企业进入乡村；其次，要严格规范企业下乡的流程，任何企业都需要按照流程操作，不能出现违规操作的情况；最后，对于已经下乡的企业，同样要加强监督，确保企业能够脚踏实地地参与乡村建设。

（二）群众组织发挥组织优势支持乡村建设

群众组织通常指在党的领导下，依据工作特点和群众的类型成立的，遵循一定的制度章程开展活动的群众性团体。群众组织在联系动员群众、维护群众利益、参与社会治理、教育引导群众等方面发挥着重要的作用。在乡村振兴中，群众组织同样是不可或缺的一个群体，而且群众组织有其自身优势，所以要充分发挥群众组织的优势作用，引导他们参与乡村建设，从而为乡村的发展增添活力。

1. 坚定群众组织的群众立场

群众立场是群众组织投身于乡村建设的重要支撑。群众组织辐射了各行各业，他们与广大的农民群众之间有着紧密的联系。在与农民群众互动的过程中，只有坚定群众立场，始终将农民群众的利益作为工作的出发点和落脚点，并做到想农民群众之所想，急农民群众之所急，才能真正做到顺民意、为民利、得民心，进而为乡村的可持续发展提供精神动力与支持。

2. 完善群众组织的工作方法

群众组织的工作方法是影响其工作效率的一个重要因素，所以要不断完善群众组织的工作方法，这样才能使群众组织的优势作用得到更加充分的发挥，进而进一步推动乡村的建设。群众组织应贴近农民群众，积极探索适合不同农民群众的工作方法。不同的群众组织服务的对象不同，针对的对象不同，要因人而异地采取不同的工作方法。在信息化时代，群众组织可以利用大数据技术对农民群众的情况做初步的了解，然后在此基础上进行实地考察，全面了解不同农民群众的需求，最后结合不同农民群众的实际需求制定科学的工作方法，实现工作的精准定位。另外，群众组织要能创新工作方法。随着乡村的发展，传统的工作方法越来越不能满足群众组织服务群众的需求，所以群众组织要与时俱进，及时改变落后的工作理念和工作方法，改善工作机制，以此来提升工作的有效性。

3. 积极组织群众活动

具体的群众活动是群众组织开展农民群众工作的有力抓手，也是联系群众组织和农民群众的有效渠道。因此，群众组织应结合其工作地域及工作对象的特点，积极组织群众活动，并借此调动农民群众参与乡村建设的热情。例如，2018 年，为了响应乡村振兴的号召，全国妇联下发了《关于开展“乡村振兴巾帼行动”的实施意见》，鼓励全国乡村开展“乡村振兴巾帼行动”。在这一号召下，全国各地的乡村纷纷开展了“乡村振兴巾帼行动”，由于不同乡村存在文化、经济等方面的差异，所以不同乡村开展的活动也存在一些差异，但这一活动的展开充分发挥了妇女的示范带动作用，激发了妇女群体的服务热情，提升了妇女服务乡村的专业化水平，增强了贫困妇女群众的认同感和价值感，有力带动了更多巾帼力量参与乡村振兴的宏伟大业。

（三）行业部门发挥资源优势支持乡村建设

各行业部门都有其资源优势，应从其职责出发，通过加强和行业部门间的协同及行业资源优势的整合，为乡村的建设添油助力。

1. 明确和提升行业部门的责任

各行业部门应明确自身的责任，必要的时候可以制定具体的责任清单，将责任细化到个人，以此来确保其行业责任可以落到实处。在明确行业部门责任的同时，各行业部门还需要不断提升其责任感。在新的历史时期，随着乡村振兴战略的提出，各行业部门被赋予了新的使命，它们肩上的担子也变得更加沉重，为了能够肩负起沉重的使命和责任，它们需要提升责任感和使命感，提升其行业担当，从而助力乡村的建设和发展。

2. 加强各行业部门的协同

在乡村的建设中，各行业间的作用不是相互割裂的，而是相互联系、相互促进的，所以在明确各行业部门责任的基础上，还需要加强各行业部门间的联系，使各行业之间能够有效地协同起来，从而起到 $1+1+\cdots+1>n$ 的效果。比如，各行业间可以建立联席会议制度，各行业负责人或代表通过联席会议互通有无，然后在积极的协商中相互促进、相互发展。

各行业都有自身的资源优势，如果能够将各行业的资源整合起来，便可以发挥更大的效用。因此，加强各行业部门间的协同非常有必要。在整合各行业的资源时，可以以行业之间的横向链条和各行业内部的纵向链条为主线，加强各行业部门间的联系，寻找资源整合点，并寻找服务乡村的方向，进而在各行业的合力作用下更好地推动乡村的发展。

（四）公民个人参与乡村建设

相较于组织、团体或行业部门而言，个人的力量虽然相对较小，但他们也能够为乡村振兴的实现添砖加瓦。要引导公民个人参与乡村建设，就要提升公民的参与意识，提升他们参与乡村建设的自觉性。在此基础上，还要提升公民个人服务乡村的能力，拓宽公民个人参与的渠道。

1. 提升公民个人的参与意识

只有具备一定的参与意识，公民个人才能够自觉地参与乡村建设，所以提升公民个人的参与意识，是引导公民个人参与乡村建设的第一步。随着中国特色社会主义制度的不断完善，我国公民参与国家建设的意识也在不断增强，只是有些人对于乡村建设的认识还不全面，这是影响其参与乡村建设的一个重要因素。因此，国家需要通过多个途径进一步宣传乡村振兴的重要性，让更多的人认识到乡村振兴是每一位公民的责任，进而增强他们服务乡村的意识。

2. 提升公民个人服务乡村的能力

对于公民个人而言，仅仅具备服务乡村的意识是不够的，还需要具备服务乡村的能力，这样才能在乡村建设中发挥更大的作用。因此，对于想要参与乡村建设的公民个人而言，他们需要做的就是要提高自身服务乡村的能力，要针对其所服务的对象及其服务的行业，学习相关方面的知识，筑牢专业理论基础。与此同时，在服务乡村的过程中，继续保持学习，加强实践锻炼，提升自己的综合素养。对于乡村而言，要为前来服务乡村的公民个人提供培训服务，让他们在服务乡村的过程中能够获得持续的发展。这无论是对于公民个人而言，还是对于乡村而言，都是非常有意义的。

3. 拓宽公民个人参与的渠道

随着我国公民参与国家建设意识的不断增强，很多公民个人都希望能够为乡村的建设加油助力，但由于参与渠道的限制，导致他们“下乡无门”。当前，公民参与乡村建设的需求和参与渠道之间的不畅通是需要严肃对待的一个问题，只有解决了这一问题，拓宽公民个人参与的渠道，才能使更多的公民个人参与乡村建设。比如，可以通过人大代表、政协委员、社会科学工作者或广播电视等媒体，积极进行政策宣传，因势利导，最大化满足公民参与的需求，畅通公民利益诉求的渠道①。

第四节　完善乡村振兴人才支撑体系建设机制

乡村振兴中的人才支撑体系建设是一项涉及多个因素的系统工程，要

① 赵业标. 重塑乡村治理结构 建设社会主义新农村[J]. 经济与社会发展，2006（8）：87-90.

确保该任务的实现，必须建立一套完善的机制。关于乡村振兴人才支撑体系建设机制的完善，可以从人才资源开发机制、人才培养合作与交流机制和城市人才定期服务乡村机制着手（见图 4-4）。这三个机制相互独立，又相互联系，共同推动着乡村人才支撑体系的建设。

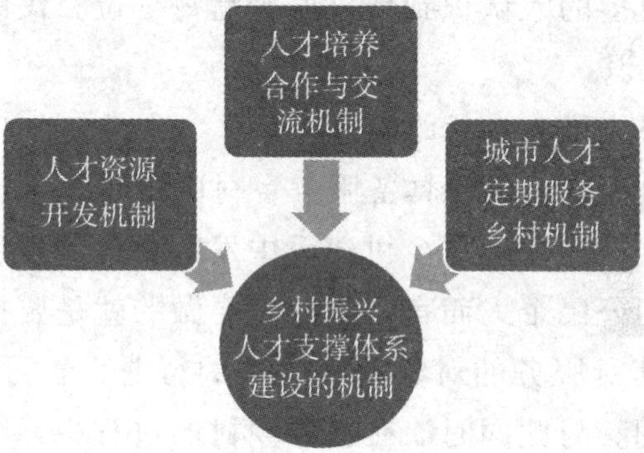

图 4-4　乡村振兴人才支撑体系建设的机制

一、人才资源开发机制

针对乡村振兴的人才资源开发机制，2018 年的中央一号文件中明确指出，要建立多种方式并举的人才资源开发机制。就乡村振兴的实际需求来看，乡村人才资源开发机制的建设可以从人才引进和自主培养相结合、技能培训与学历教育相结合着手。

（一）人才引进和自主培养相结合

1. 对外引进人才

乡村振兴，人才是重要支撑，对于乡村而言，人才缺乏是它们面临的一个大问题，而解决人才缺乏的一个有效渠道就是对外引进人才。2020 年 1 月颁布的《人力资源社会保障部 财政部 农业农村部关于进一步推动返乡入乡创业工作的意见》中明确指出，要“进一步推动返乡入乡创业工作”。同年 11 月份颁布的《中共中央关于制定国民经济和社会发展第十四个五年规划和二〇三五年远景目标的建议》中再次强调，要“全方位培养、引进、用好人才”。

在国家政策的指引下，各地还需要从如下两方面做出努力，才能更好地吸引人才返乡入乡。

（1）营造人才返乡入乡的良好创业就业环境。良好的创业就业环境有助于吸引人才返乡入乡，各地应因地制宜，从当地的资源优势出发，开发一些能够吸引人才返乡入乡的项目，这样不仅可以吸引人才，还可以吸引资金和技术下乡。

（2）完善公共服务，减轻返乡入乡人才的后顾之忧。随着乡村的不断发展，乡村成了各类人才施展抱负的一个舞台，很多人才都有到乡村发展和建设乡村的意愿，但很多人才对乡村的公共服务存在较大的担忧，从而导致很多人才仅仅将返乡入乡停留在了意愿阶段。因此，完善乡村公共服务非常有必要。①要加强医疗、养老等社会保险服务，减轻返乡入乡人才在生活保障方面的顾虑；②要推进城乡教育的一体化，保障返乡入乡人才子女受教育的质量和水平，这样可以减轻他们长期在乡村发展的后顾之忧。

2. 对内培养人才

乡村人才资源的开发不仅要从外引进，还需要从内生发，通过“内”“外”两个渠道的有机结合真正解决乡村人才缺乏的问题。本章第一节论述的新型职业农民培育就是乡村人才内部培养的一个渠道。在此基础上，各地还需要加强对留守乡村年轻劳动力的关注。相较于年岁较大的农民而言，他们的思维比较灵活，接受新生事物比较快，各地可以加强对年轻劳动力的培育，将他们培育成本领过硬的乡村工匠、农业职业经理人、文化能人等，进而充实乡村的人才队伍。

（二）技能培训与学历教育相结合

针对乡村劳动人员开展的技能培训和学历教育既有益于广大的乡村劳动人员，也能够将我国的乡村劳动力的整体素质推上一个台阶。与此同时，随着乡村的发展，其对人才的要求越来越高，只有同时具备一定的学历水平和技能水平的乡村劳动人员，才能够满足乡村发展的需求。因此，在开发乡村人才资源时，应注重技能培训和学历教育的结合。

（1）针对技能培训，要科学地设计培训的内容，坚持按需培训的原则，根据当地乡村农业产业以及劳动人口技能掌握现状，针对乡村劳动人口生产经营中遇到的实际问题，本着“需要什么，培养什么”“缺少什么，培养什么”的方针，设计适宜的培训内容。此外，还需要注意培训内容普遍性和专业性的统一。普遍性的内容是针对所有乡村劳动人员而言的，针对性的内容是针对不同领域的劳动人员而言的，这样有助于劳动人员综合素质和专业技能的同步提升。

（2）针对乡村劳动人员的学历教育，2021 年发布的《农业农村部办公厅关于做好 2021 年高素质农民培育工作的通知》中明确指出，要“实施好百万乡村振兴带头人学历提升计划”，要“加大高职扩招政策宣传力度，鼓励高素质农民报考职业院校，积极争取学费减免等补助政策，支持更多高素质农民提升学历层次。支持涉农高校探索定制定向培养模式，满足高素质农民提升学历的需求。鼓励农民参加继续教育，促进农民终身学习，持续更新知识能力”。因此，各地应进一步加强宣传教育，鼓励和引导更多的农民去报考职业院校，以此提升自己的学历层次，进而在乡村的建设中发挥更大的作用。

二、人才培养合作与交流机制

人才培育合作与交流机制的构建有助于提高人才培养的效率，无论是对于乡村而言，还是对于合作方而言，都具有非常重要的意义。关于人才培养合作交流机制的构建，可以从以下三个方面做出思考和尝试。

（一）区域间人才培养合作与交流

对于不同的区域而言，推动人才培养的合作与交流，不仅可以提高人才培养的效率，也可以实现人才价值的增值，所以不同区域间应加强乡村人才培养的合作与交流。在区域间进行人才培养合作与交流时，人才培养目标的不同，会导致区域选择的不同。比如，要培养专业化的人才，应选择同质性的区域，让人才接受同类型的教育，从而获得专业化的发展；而要培养通用型的人才，则应该选择异质化的区域，让人才接受不同类型的教育，从而获得综合素质的提升。当然，无论是哪种类型，在进行区域间人才培养合作与交流时，都需要站在宏观的角度对人才进行统筹规划，然后进行整体的布局，这样才能够确保区域间人才的协调。

（二）城乡间人才培养合作与交流

乡村振兴战略提出了要统筹城乡的发展。对于乡村而言，要抓住城乡统筹发展的机遇，通过深化改革，提升乡村发展活力，优化和整合乡村经济体系，推动乡村经济由之前的粗放型模式转变成为集约模式[①]。在此基础上，还需要推动城乡之间人才培育的合作与交流，充分发挥城市的优势作用，提升乡村人才培育的效率。其实，笔者在前面便提到城乡统筹发展的内涵，它强调的不单单是城市对乡村的带动，同时还强调了乡村对城市发展的促进作用，所以城乡统筹是一个双向的作用关系，不仅乡村可以从中受益，城市也可以从中受益。因此，促进城乡间人才培养的合作与交流，对于乡村和城市而言，都具有非常重要的意义。

（三）校村间人才培养合作与交流

所谓校村间人才培养合作与交流，是指学校与乡村之间实现人才培养对接。高校具有雄厚的师资力量，先进的教学设备，是人才培养的主要场所，和高校进行人才培养对接，可以极大提高乡村人才培养的效率。对于高校而言，乡村是一个绝佳的实践场所，通过和乡村进行人才培养对接，高校可以拓展实践育人的范围，提高高校实践育人的效率。为了更好地实现高校和乡村的人才对接，高校在课程设置上可以做出适当的调整，加强与乡村的定向联合。此外，高校和乡村还可以共同搭建产学研合作平台，学生和乡村劳动者都可以在该平台上学习，甚至进行合作学习，以此来促进学生和乡村劳动人员的共同成长。

三、城市人才定期服务乡村机制

相较于城乡间人才培养合作与交流而言，城市人才定期服务乡村机制是单向的人才流动机制。城市对乡村的人才定期服务主要体现在三个方面：城市科技人才定期服务乡村、城市教师定期服务乡村和城市文化人才定期服务乡村。

① 温晶. 基于城乡统筹发展视角的农村人力资源开发问题研究 [J]. 农业经济，2019（4）：111-112.

（一）城市科技人才定期服务乡村

2019年国务院印发的《关于促进乡村产业振兴的指导意见》中明确指出，要引导科技人员入乡创新创业，支持科技人员通过科技成果入股农业企业形式服务乡村产业发展。对于乡村发展而言，科技如同新鲜的血液一般，可以激发乡村发展的活力，但乡村缺乏科技人才，可以制定城市科技人才定期服务乡村的机制。

（1）要发挥高校和科研单位的引领作用。高校和科研单位是科技人才的聚集地，它们需要发挥引领作用，定期派遣科技人才服务乡村。高校和科研单位可以结合其自身情况，设置服务的间隔期和服务的时长。比如，可以以一季度为单位，每次服务时长为一到两周，科技人才以科技指导员的身份，深入乡村及乡镇企业进行指导和培训。

（2）要发挥城市大型企业的辅助作用。一些城市大型企业也具有比较权威的科技团队，政府可以鼓励这些企业加入服务乡村的阵营，辅助高校和科研单位，共同为乡村提供科技服务。

（3）对于政府而言，除了鼓励和引导之外，还需要为下乡的科技人才提供保障服务，保障他们的基本权益，同时允许他们参与乡村经济合作组织和利益分配，这样能够吸引更多的城市科技人才投入服务乡村的阵营中来。

（二）城市教师定期服务乡村

2019年发布的《中共中央 国务院关于建立健全城乡融合发展体制机制和政策体系的意见》中明确指出，要积极推动城市教育行业工作人员定期服务乡村。在乡村人才的培养中，城市教师发挥着非常重要的作用，政府需要建立完善的城市教师定期服务乡村机制，鼓励和引导城市教师定期投入乡村人才支撑体系的建设中。

城市教师在乡村人才支撑体系建设中发挥的作用主要有两个：一是培育教育类人才；二是结合教师自身专业培育相关方向的专业人才。①统筹城乡教育，培养教育类人才，这是促进乡村教育发展的一个战略思想。但由于一些客观条件的限制，完全实现城乡教育的统筹还需要一段时间，通过引导城市教师服务乡村教育，培育教育类人才，可以在一定程度上促进乡村教育质量的提高，这对于推动城乡教育统筹具有一定的意义。②针对专业类人才培育而言，教师可以结合自身专业优势，立足于乡村发展实际及服务对象的需求，为他们提供专业性的指导和培训，从而提高乡村劳动人员的专业素质。

（三）城市文化人才定期服务乡村

城市文化人才定期服务乡村机制主要指向的是乡村文化的建设。乡村的文化建设离不开人才的支撑，但由于乡村的文化人才相对缺乏，所以需要鼓励和引导城市文化人才定期到乡村服务。城市文化人才服务乡村的方向主要有以下两个。

（1）帮助乡村丰富文化建设的形式。城市文化人才可以将在城市获得的经验用于乡村文化的建设中，组织乡村开展形式更加丰富的文化活动。与此同时，还可以将城市文化建设的理念引入乡村，并融入乡村原有的文化活动，丰富乡村文化建设的形式。

（2）帮助乡村培育文化建设人才。乡村的文化建设不仅需要外部人才力量的支撑，还需要乡村内部人才的支撑。在帮助乡村丰富文化建设形式的基础上，城市文化人才还需要加强乡村内部文化建设人才的培育。培育出的乡村文化建设人才，不仅可以立足于乡村现代化发展的需求推动乡村文化建设，同时还可以弘扬本土的优秀传统文化，这对于实现乡村的文化振兴具有非常重要的意义。

第五章　乡村振兴的精神基础：文化建设

第一节　乡村文化建设的现实意义

文化作为乡村振兴的一个重要着力点，它是乡村振兴的精神基础。乡村的文化建设具有非常重要的现实意义，如图 5-1 所示。

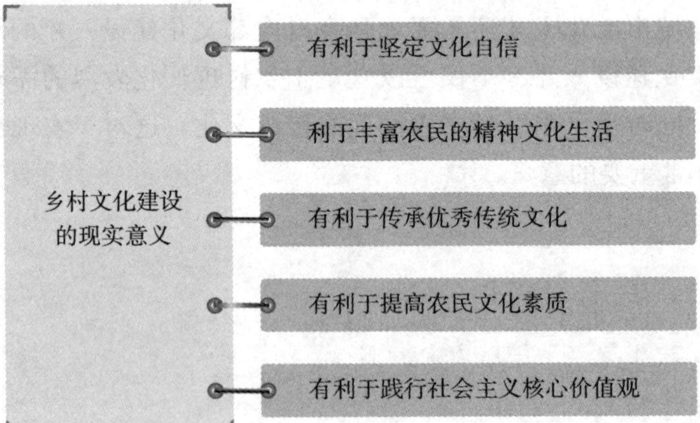

图 5-1　乡村文化建设的现实意义

一、乡村文化建设有利于坚定文化自信

文化是一个国家和民族的灵魂。对于中国这样一个人口众多、历史悠久，正在进行中国特色社会主义建设的国家而言，文化自信起着重要的支撑作用。因此，坚定文化自信是国家文化建设中不可或缺的一环。乡村拥有优秀的传统文化，通过加强乡村的文化建设，可以让广大民众更加深入地认识到我国优秀传统文化的内涵，这对于坚定广大民众的文化自信具有非常积极的意义。此外，乡村广大村民受教育程度较低，相较于受教育程度较高的人群来说，他们文化自信的坚定程度也较低，因此，针对乡村进行文化建设，进一步坚定广大村民的文化自信就显得非常必要。

二、乡村文化建设有利于丰富农民的精神文化生活

改革开放以来，我国经济实现了快速的发展，人民的物质生活水平不断提高，对应的文化需求也变得强烈和紧迫。如今，我国已进入中国特色社会主义建设的新阶段，我国社会的主要矛盾也已经转化为人民日益增长的美好生活需要和不平衡不充分的发展之间的矛盾。此处所指的“美好生活”不仅包含物质生活，而且包含精神文化生活，所以在人民群众已经基本满足物质生活需求的今天，加强精神文化建设，以满足人民群众的精神文化生活需求就显得非常重要。

随着我国经济的快速发展，广大村民的物质生活得到了一定程度的改善，尤其脱贫攻坚战的全面胜利，广大村民在精神文化方面的需求愈加强烈。然而，乡村的文化建设却存在一些不足，满足不了村民的需求，因此，必须加快、加强乡村文化建设，丰富乡村的公共文化产品供给，增强乡村的公共文化服务，进一步丰富村民的精神文化生活，满足村民不断增长的精神文化需求。

三、乡村文化建设有利于传承优秀传统文化

在乡村传统村落文化中，蕴含着以人为本、仁者爱人、勤俭节约、以和为贵、讲信修睦等价值恒久的精华，这些内容沁润在乡村村规民约、节庆礼俗、家谱家训中，在维系村落的人伦秩序方面发挥着重要的作用。在

今天，这些优秀的传统文化仍旧具有非常重要的价值，它们是社会秩序整合的“软实力”，是增进社会团结的“凝结剂”。所以传承乡村优秀的传统文化，不仅是村民的责任和使命，更是我们每一个人的使命。

在快速的城市化进程中，乡村社会受到来自工业化、现代化、信息化的合力冲击，这在某种程度上影响了村民原有的价值判断、道德伦念，甚至影响了村民对自身的身份认同。一些优秀的乡村传统文化开始消失。随着城镇化进程的不断加快，乡村的社会结构随之发生变化是一种必然结果，村民作为社会的一份子，难免会受到影响，但优秀的传统文化作为乡村文化的“根”，是必须保护和传承的。因此，在乡村文化建设中，保护和传承乡村优秀传统文化应成为不可或缺的内容，只有这样，才能引起更多人对乡村传统文化的重视，进而保留住乡村的“根文化”。

在乡村文化建设中，活化优秀的传统文化，将有助于唤醒村民的文化自觉，坚定村民的文化自信，这对于增强乡村对人才的吸引力也具有非常积极的作用。由此可见，在乡村文化建设中，务必珍视乡村优秀传统文化的建设，促进乡村优秀传统文化的保护和传承，从而让优秀的乡村传统文化成为乡村振兴的厚重底色。

四、乡村文化建设有利于提高农民文化素质

文化素质是知识、能力、修养的总汇，是理想人格、价值观念、思维方式、行为规范等方面素质的综合反映①。广大村民是我国基础建设的强大力量，同时也是乡村振兴的主体之一。乡村文化建设不仅要珍视乡村优秀传统文化的保护和传承，同时也要注重乡村的公共文化建设，目的在于丰富乡村的公共文化产品供给，增强乡村的公共文化服务供给。无论是公共文化产品，还是公共文化服务，都能够丰富村民的精神文化生活，能够使村民在广泛的公共文化参与中获得知识、能力、修养的提高，进而获得文化素质的提高。

① 《现代文化素质教育概论》编委会编. 现代文化素质教育概论 [M]. 汕头：汕头大学出版社，1991：256.

五、乡村文化建设有利于践行社会主义核心价值观

社会主义核心价值观的核心内容是“三个倡导”，即倡导富强、民主、文明、和谐；倡导自由、平等、公正、法治，倡导爱国、敬业、诚信、友善。其中，富强、民主、文明、和谐是国家层面的价值目标，自由、平等、公正、法治是社会层面的价值取向，爱国、敬业、诚信、友善是公民个人层面的价值准则。习近平同志曾强调，人类社会发展的历史表明，对一个民族、一个国家来说，最持久、最深层的力量是全社会共同认可的核心价值观，如果没有共同的核心价值观，一个民族、一个国家就会魂无定所、行无依归。因此，践行社会主义核心价值观的重要性可见一斑。

乡村文化建设涉及的很多内容与社会主义核心价值观的相关内容具有相似的价值内涵，加强乡村文化建设有利于社会主义核心价值观的践行。比如，乡村优秀传统文化中的勤俭节约、以和为贵、讲信修睦等内容，和社会主义核心价值观中的诚信、友善、文明、和谐等具有相似的价值内涵，加强乡村优秀传统文化的保护和传承，无疑有助于社会主义核心价值观中诚信、友善、文明、和谐等核心价值观的践行。再如，基于公民个人层面的价值准则：爱国、敬业、诚信、友善，可以将其归属为个人文化素养的范畴。乡村文化的建设能够提高广大村民群众的文化素养，从公民个人层面的价值准则来看，乡村文化建设和村民社会主义核心价值观的培育具有目标上的一致性，这种目标一致性决定了乡村的文化建设对于广大村民群众践行社会主义核心价值观能够起到积极的推动作用。

第二节　乡村文化建设的内容

2018 年颁布的《中共中央 国务院关于实施乡村振兴战略的意见》中明确指出，在乡村振兴过程中“必须坚持物质文明和精神文明一起抓，提升农民精神风貌，培育文明乡风、良好家风、淳朴民风，不断提高乡村社会文明程度”。要实现上述目标，就需要在乡村文化建设中注重以下三个方面。

一、乡村思想道德建设

思想道德建设对乡村的政治稳定和社会稳定起着积极的作用，同时也有助于村民形成共同的精神支柱和奋斗目标，乡村思想道德建设是乡村文化建设中一项不可或缺的内容。关于乡村的思想道德建设，可以从以下两个方面着手。

（一）加强村民思想道德教育

思想道德是人类发展过程中形成的一种独特的社会现象，它的出现在于调整人与人、人与社会，以及人与自然的关系，保证人类社会生活有秩序的进行。在人类的教育史上，思想道德教育一直占有非常重要的地位。因此，在乡村思想道德建设中，加强村民的思想道德教育非常有必要。村民的思想道德教育不同于学校开展的思想道德教育，它是指针对广大村民开展的旨在促进村民道德意识、道德素养提高的全部道德活动。结合村民思想道德发展的现状，村民开展的思想道德教育可以集中在以下四个方面（见图 5-2）。

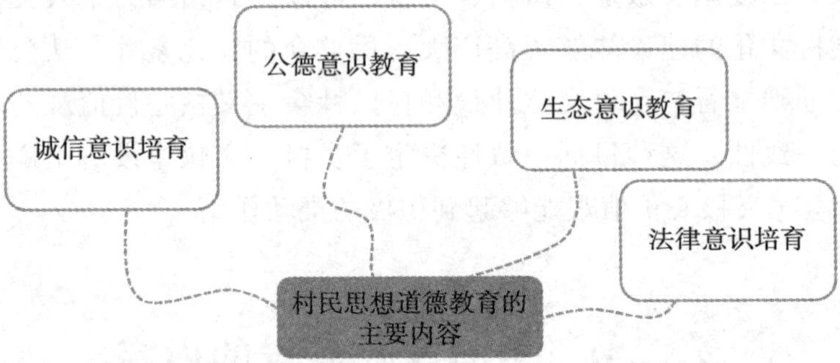

图 5-2　村民思想道德教育的主要内容

1. 村民诚信意识培育

自古以来，诚信就是中华民族的传统美德之一。《孟子·离娄章句上》有云："诚者，天之道也，思诚者，人之道也。"由此可见，诚信是做人的根本，也是道德的基础，如果缺少了诚信，那么道德也便不复存在了。从古至今，诚信都是人们非常重视的一个道德品质。随着乡村的不断发展，乡村和外界的交流不断增多。在交流的过程中，诚信是一个非常重要的品质，这种品质有助于增强人们对村民的信任，从而进一步推动乡村和外界在文化、经济等方面的交流。因此，要将村民的诚信意识培育作为思想道德教育的首要内容，引导村民树立诚信观念，强化诚信意识，遵守诚信道德规范，进而推动诚信乡村的构建。

2. 村民公德意识教育

社会公德是指人们为了维护社会生活秩序和公共利益、协调人际关系的行为准则和道德标准，它是全社会成员都要共同遵守的规范。在传统社会阶段，乡村主要是以血缘亲情为社会基本的伦理关系，人们的道德准则也是以血缘亲情关系为基准的，这就导致传统社会阶段的乡村形成了“重私德，轻公德”的特征。进入现代社会，市场经济的发展促使社会分工进一步加强，人与人之间的接触变得越来越广泛，人们对社会公德的需求也进一步增长，乡村也要实现由“重私德，轻公德”向“私德、公德并重”的转换，这样才符合时代发展的要求，才能进一步推动乡村的发展。因此，针对村民开展的思想道德教育还需要落实到村民公德意识的培育上，即在乡村广泛开展社会公德教育，提升广大村民的公德意识，从而塑造出具有较强公德意识的新时代村民形象。

3. 村民生态意识教育

乡村振兴应以科学发展观为指导，以可持续发展为原则，在促进乡村经济发展的同时，保护乡村的生态环境。就人类发展的历史经验来看，自然资源是人类赖以生存和发展的一个重要支撑，如果毫无节制地掠夺自然资源，污染自然环境，必然会影响人类未来的发展。对于村民而言，他们普遍存在生态意识比较薄弱的问题，所以需要加强对村民的生态意识教育，让村民意识到可持续发展的重要性，并在实际的生产生活中践行科学发展观，进而推动乡村实现可持续的发展。

4. 村民法律意识培育

从表面上来看，法律和思想道德属于两个层面的内容，但其实二者之间有着非常紧密的联系。例如，吴经熊在《法律哲学研究》一书中指出：“道德是法律的目的，法律是道德的工具。换言之，法律的唯一使命就是保障道德。”[①] 由此可见，要加强村民的思想道德建设，不能离开对村民法律意识的培育。此外，仅仅从村民法律意识的角度来看，村民普遍存在着法律意识淡薄的问题，而法律意识的淡薄不利于村民通过法律的途径去维护自身的利益，这对于村民自身的发展，以及乡村的发展都是不利的。因此，无论从哪个角度去看，培育村民的法律意识都是非常重要的。

（二）实施公民道德建设工程

2019 年，中共中央、国务院立足于新时代发展的特征和要求，针对公民道德的建设提出了新的要求，并印发了《新时代公民道德建设实施纲要》（以下简称《实施纲要》）。《实施纲要》明确指出，“加强公民道德建设是一项长期而紧迫、艰巨而复杂的任务，要适应新时代新要求，坚持目标导向和问题导向相统一，进一步加大工作力度，把握规律、积极创新，持之以恒、久久为功，推动全民道德素质和社会文明程度达到一个新高度。”乡村建设是国家建设的重要组成部分，针对乡村开展的思想道德建设也需要以国家思想道德建设的方针为指导，立足于乡村发展实际，积极开展村民道德建设工程。当然，村民道德建设工程是一项复杂且艰巨的任务，各地应站在宏观的视角上进行统筹规划，然后再针对各乡村的具体情况制定针对性的措施，从而有计划、有目的地促进村民思想道德的提高。

二、乡村优秀传统文化保护与传承

乡村优秀传统文化是乡村文化的根，它在丰富村民精神文化生活、坚定村民文化自信等方面发挥着非常重要的作用。建设乡村文化时要重视乡村优秀传统文化的保护与传承。乡村优秀传统文化包含的内容很多，其内涵也非常丰富，但综合来看，可以将其归纳以下五个文化要素。

（一）乡村山水文化的保护和传承

传统乡村山水文化是依托于山和水形成的文化，所以，我们普遍认知上的传统乡村山水文化主要指自然景观。所谓自然景观，是指大自然创造

① 吴经熊. 法律哲学研究 [M]. 北京：中国方正出版社，2008：60.

的景观，它具有动静相谐、虚实相生的特点，同时也具有多样的审美姿态（可以用雄、秀、奇、险、幽、旷、野七个字来简要概括其审美姿态的多样性）。流连于自然景观之中，可以感受到大自然的力量与美，可以获得精神上的愉悦，甚至可以获得思想境界上的提升。对于很多长期生活在城市中的居民来说，他们对自然景观充满了向往，这也是乡村可以借助自然景观发展旅游产业的一个重要原因。因此，保护乡村山水文化符合科学发展观，也是实现乡村可持续发展的一个重要基础。

（二）乡村聚落文化的保护和传承

乡村作为一种聚落形式，本身也是优秀传统文化的一种体现。我国幅员辽阔、地形多样，致使我国不同地域的乡村形成了不同的村落类型，不同的村落类型又呈现着不同的村落文化。我国目前保留的传统乡村聚落的类型，如表 5-1 所示。

表5-1　传统乡村聚落的类型

类型	介　绍
规模宏大的北方村落	北方地区地形比较平整，人口密度较高，村落的规模一般比较大，有些村落甚至多达上千户
淳朴无华的西北古村落	西北地区古村落的特点是淳朴无华，其建筑无论是用材，还是装饰，都比较简单
古朴典雅的徽派古村落	徽派古村落的特点是自然古朴、大方典雅，主要分布在安徽、江西一带。比如，西递、宏村便是典型的徽派古村落
小巧精致的江南古村落	江南素有“水乡”之称，所以江南古村落的特点或多或少的都会与水沾边。此外，受江南文化的影响，江南古村落在布局上非常讲究，而且在细节上也精益求精，充分体现了江南的灵秀
个性鲜明的岭南古村落	岭南地区以客家人居多，所以岭南地区的古村落具有鲜明的客家文化色彩，即非常注重建筑的实用性
另类浪漫的西南古村落	由于西南地区民族较多，所以当地的古村落可谓各具特色，这使得西南地区的古村落充满了另类的浪漫和奔放

虽然不同地域的乡村聚落文化具有不同的文化特点，但很多都体现着“天人合一”的理念，并具有强烈的民俗乡情，这些文化内涵是在进行乡村文化建设时需要注意的，也是需要我们保护和传承的。

（三）乡村建筑文化的保护和传承

同乡村聚落文化一样，乡村建筑文化受不同地域温度、湿度、建筑材料，以及生活方式等方面的影响，也形成了不同的乡村建筑文化。通过汇总我国现有的乡村建筑文化，我们可以将乡村传统建筑归纳为四种形式，如表 5-2 所示。

表5-2　乡村传统建筑的四种形式

形式	介　绍
干栏式建筑	干栏式建筑包括全楼居干栏式建筑、半楼居干栏式建筑和千脚落地干栏式建筑三种形式，每种形式都有其特点
窑洞式建筑	窑洞式建筑是一种普遍存在于我国北部黄土高原的建筑形式，有独立式窑洞、下沉式窑洞和靠崖式窑洞等形式。窑洞具有冬暖夏凉、坚固耐用、省材省料的特点
合院式建筑	合院式建筑是一种院子四面建有房屋，并且从四面将院子围在中间的一种建筑形式。四合院便是一种常见的合院式建筑
帐篷式建筑	帐篷式建筑是一种常见于游牧民族的建筑形式。帐篷式建筑具有结构简单，建造、搬迁方便的优点，能够满足游牧民族游牧生产的需求

乡村建筑具有很高的文化价值，主要体现在三个方面：记录历史的文化价值；展现文化多样性的价值；审美教育的价值。所以，在乡村文化建设中，乡村建筑文化的保护和传承也是一项必不可少的内容。

（四）乡村民俗文化的保护和传承

民俗文化在乡村优秀传统文化中占有非常重要的地位，而作为一种复杂的文化现象，不同民族、不同地域之间的民俗文化可谓千差万别。我们从表现形态的角度着手，将乡村的民俗文化划分为物质民俗、精神民俗和社会民俗三大类，详细内容如表 5-3 所示。

表5-3　乡村民俗文化的种类

种类	介　绍
物质民俗	在乡村民俗文化中，物质民俗是最基础的部分，也是可视性较强的部分，主要包括饮食民俗、服饰民俗、生产民俗和居住民俗等
精神民俗	与物质民俗相比，精神民俗的一个特点就是可视性较弱，但作为一种在乡村长时间发展过程中形成的比较稳定的文化现象，其对村民的影响甚至超过了物质民俗的影响。乡村的精神民俗主要包括图腾信仰、禁忌习俗等
社会民俗	社会民俗是一种形成于村民社会生产生活中的民俗，它能够在一定程度上满足村民的精神需求，主要包括节日民俗和游艺民俗

乡村民俗文化具有稳定性和发展性的特征，即乡村民俗文化一旦形成，便具有一定的稳定性。但这种稳定性是相对的，随着时代的发展，乡村民俗文化也会随之发生变化，并被赋予了时代的特征，但乡村民俗的本质内涵却一直没有改变。因此，对乡村民俗文化的保护，要看到其所具备的文化本质，并将其所具有的优秀文化内涵传承下去。

（五）乡村农耕文化的保护和传承

乡村农耕文化是广大劳动人民智慧的结晶，自其形成之后，在数千年的发展历程中从未间断过。笔者通过对农耕文化的要素主要包括村落、水利田地、农具、节气和农事活动等五个方面（见表 5-4）。

表5-4　乡村农耕文化的要素

要素	介　绍
村落	村落是乡村农耕文化发展的一个重要因素，因为只有人们的居所固定下来，农业种植才能真正形成一个持续的过程，才能不断推动农耕文化的发展

（续表）

要素	介　绍
水利田地	水利田地是指乡村农耕文化中不可或缺的两个要素——水利工程和田地，缺少了任何一个要素，乡村农耕文化都不可能产生，更不可能获得长远的发展
农具	农具是广大劳动人民经验和智慧的结晶，它促进了农事效率的提高。农具的种类很多，依据其使用途径，可将其分为耕地整地工具、播种工具、灌溉工具、中耕工具、收获工具、加工工具和运输工具
节气	节气是指二十四个时节和气候，是劳动人民在长期的农业劳作中，通过观察和总结大自然气候变化，尤其注重观察太阳的运行周期，发明的一直使用至今的用以指导农事的历法，即我们常说的“二十四节气”，分别为：立春、雨水、惊蛰、春分、清明、谷雨、立夏、小满、芒种、夏至、小暑、大暑、立秋、处暑、白露、秋分、寒露、霜降、立冬、小雪、大雪、冬至、小寒、大寒。二十四节气是我国劳动人民长期农事经验积累的结果，是我国乡村农耕文化的一个突出体现，在缺少对自然足够认知的古代，其在指导劳动人民的农事活动中发挥了非常重要的作用
农事活动	农事活动是围绕农事生产展开的一种特殊的活动，其作用主要是为了祈求丰收或庆祝丰收。比如，七八月份是牲畜最肥壮的两个月份，为了庆祝丰收，蒙古族人会在每年的七八月份举办那达慕大会，以此来表达丰收的喜悦之情

作为一个农业大国，源远流长的乡村农耕文化是孕育中华文明的基础，即便在强调农业现代化、信息化建设的今天，传统的乡村农耕文化依旧具有一定的价值。比如，乡村农耕文化中关于“应时、取宜、守则、和谐”的理念，依旧在思想层面上具有指导价值。此外，上述提及的各种要素见证了我国乡村农耕文化的发展，其存在本身就具有重要的意义。因此，在乡村传统文化的保护和传承中，乡村农耕文化也是一项必不可少的内容。

三、乡村公共文化建设

乡村公共文化建设也是乡村文化建设中的重要内容。乡村公共文化建设可以满足村民的精神文化需求，也可以促进村民文化素质的提高。乡村公共文化建设需要文化人才的支撑，还需要构建完善的乡村文化服务体系。

（一）培育乡村文化人才

培育乡村文化人才是乡村公共文化建设中的一项重要任务。在培育乡村文化人才时，要坚持以广大村民为主体的原则，充分调动村民的积极性，并不断提高村民的文化素养，从而使村民成为充实乡村文化人才队伍的一个重要力量。在此基础上，乡村还需要注重大学生、文化传媒行业从业者的引进，这些人具备较高的文化素养如专业素养，能够为乡村的公共文化建设工作提供有力的支持。

（二）完善乡村文化服务体系

乡村文化服务体系的完善首先指向的是公共文化设施的建设。在乡村公共文化服务体系中，文化设施起着支撑性的作用，缺失了文化设施，相应的文化服务也便难以开展。例如，要开展阅读相关的文化服务，需要有图书室这一文化设施的支撑；要开展体育相关的文化服务，需要有体育相关设施的支撑。因此，各地必须加强公共文化设施的建设，完善乡村公共文化服务体系，同时将文化学习和娱乐活动有机结合起来，这样可以提高村民参与公共文化活动的积极性，从而提高公共文化服务的效率。需要注意的是，在信息化时代，针对乡村公共文化设施的建设不能只停留在传统设施上，还需要加强电信网、广电网和互联网的“三网融合”，充分发挥信息技术服务乡村公共文化建设的作用，进而建成具有信息化时代特征的公共文化服务体系。

另外，要构建乡村公共文化管理机制。管理机制的作用是为乡村公共文化服务提供监督和保障。正所谓“不以规矩，不成方圆”，为了确保乡村公共文化服务的落地，要构建相应的管理机制，对相关活动及从事该活动的人员进行监督管理，同时针对其结果进行考核，对于考核不合格的人员要采取相应的惩罚措施。与此同时，还需要提供必要的保障，如资金保障、人才保障等，以此来确保乡村公共文化服务的落地。

第三节 乡村文化建设的路径选择

乡村文化建设作为乡村振兴中的一项重要内容，它是乡村振兴的精神基础，也是实现乡村振兴的一个重要着力点。基于乡村文化现状及其建设目标的认识，乡村文化建设可以从以下四条路径着手（见图 5-3）。

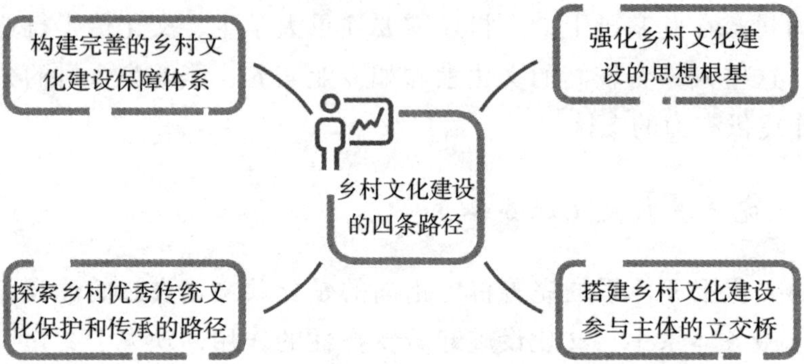

图 5-3 乡村文化建设的四条路径

一、强化乡村文化建设的思想根基

乡村文化建设是一项系统的工程，需要参与者具备统一的认识，这样才能在全员的合力下有效推动乡村的文化建设。因此，在乡村文化建设中，首先需要加强对参与建设人员的思想教育，形成乡村文化建设的凝聚力。乡村文化建设思想根基的强化可以从以下两个方面进行。

（一）明确乡村文化建设的方向

乡村文化建设是一项艰巨的任务，要确保任务的完成，确保各项工作的有序推进，就需要明确乡村文化建设的方向。乡村文化建设的方向可以从以下三个方面着手。

1. 强化党对乡村文化建设工作的领导

在乡村文化建设中，村民是主力军，这一点是毋庸置疑的。同时，党的领导也非常关键。党作为广大人民群众的领路人，党的领导是社会各项事业有效推进的重要保障，乡村文化建设作为一项重要的社会事业，也需要加强党的领导，这样能够确保乡村文化建设方向的正确性，并确保乡村文化建设各项工作事宜的有效运行。党对乡村文化建设的领导主要体现在三个方面：政治领导、思想领导和组织领导。政治领导的作用是确定方向和目标，思想领导的作用是促进广大村民群众思想认识的提高，组织领导的作用是组织相关工作的有效推进。上述三个方面的领导同等重要，发挥着不同的作用，要将其统一起来，不可偏重某个方面，这样才能真正发挥党在乡村文化建设中的领导作用。

2. 坚持马克思主义的思想指导

马克思主义是我党的根本指导思想，也是我国社会主义意识形态的旗帜。乡村文化建设作为中国特色社会主义建设的重要内容，自然也要以马克思主义为指导思想。马克思主义具有强大的生命力、严谨的科学性及有效的指导性，无论是对于乡村文化建设理论层面，还是对乡村文化建设的实践层面，都能够发挥指导性的作用。当然，在新的历史时期，在中国特色社会主义建设的大环境下，乡村文化建设需要寻求创新发展，但不能偏离正确的轨道，要始终坚持马克思主义作为思想指导，坚持社会主义道路，坚持为广大村民服务的原则，使乡村文化建设的成果能够惠及所有的村民。

3. 重视乡村文化建设的意识形态领域工作

意识形态工作是党和国家工作的重要组成部分，也是乡村振兴战略和乡村文化建设中的重要内容。在任何时期，任何部门都需要做好意识形态领域的工作，切实维护意识形态安全。随着乡村的发展，多元思想的交融交锋越来越明显，社会思想也呈现出复杂多变的态势。为了巩固主流意识形态，在乡村文化建设中，要以文化为抓手，建设具有强大凝聚力的社会主义意识形态，使村民的价值理念、理想信念、道德观念等都可以紧紧地团结在一起。要做好正确的舆论导向工作，注重信息传播过程中引导方式的使用，并且在引导的过程中要注重贴近村民生活，体现出较强的亲和力和公信力。此外，在乡村文化建设中，还需要体现出一定的包容性，积极借鉴和吸收古今中外一切的优秀文化成果，用以促进乡村文化的多样化发展。

（二）坚持社会主义核心价值观的引领

笔者在前面提到了社会主义核心价值观，其核心内容是“三个倡导”：倡导富强、民主、文明、和谐；倡导自由、平等、公正、法治；倡导爱国、敬业、诚信、友善。其中，富强、民主、文明、和谐是国家层面的价值目标；自由、平等、公正、法治是社会层面的价值取向；爱国、敬业、诚信、友善是公民个人层面的价值准则。对于乡村文化建设而言，社会主义核心价值观对村民的思想引导作用主要体现在村民个人的价值准则层面。进一步来说，就是要借助社会主义核心价值观去引导村民形成爱国、敬业、诚信、友善的良好品质，并通过教育和实践的方式去强化效果。

1.在教育中引导村民构建正确的价值观

在以社会主义核心价值观为引导的基础上，加强对村民的教育，使村民形成正确的价值观。比如，可以借助现代媒体加强对好人好事的宣传，还可以发挥现代媒体的监督作用，对丑恶的行为和事件进行曝光，以起到警醒的作用。再如，可以以社会主义核心价值观为主题，设计一些文化活动，引导村民积极参与文化活动，从而使村民在文化活动中加深对社会主义核心价值观的认识。

2.在实践中坚定农民的价值观

在引导村民构建正确价值观的基础上，还需要定期组织一些实践活动，以此来进一步坚定村民的价值观。比如，针对村里的孤寡老人，可以成立村级扶持团队，团队成员由村民组成，团队定期对老人进行慰问，了解老人的需求，然后针对性地解决问题。扶持团队的资金可以向村党支部和村民委员会申请，同时也可以采取募集的方式。组织这些实践活动，可以有效解决乡村中存在的一些问题，同时也能够使村民在实践中进一步坚定其价值观，可谓一举两得。

二、搭建乡村文化建设参与主体的“立交桥”

在乡村文化建设中，人是根本，所以需要充分发挥各方参与主体的力量，并使各方参与主体的力量形成合力，助力乡村文化振兴。就乡村文化建设的参与主体而言，村民是主力军，应重视村民力量的发挥。

（一）农民是乡村文化建设的主力军

1.发挥乡贤的示范和引领作用

乡贤这一称谓自古有之，俞汝楫编纂的《礼部志稿·严名宦乡贤祀》指出："生于其地，而有德业学行著于世者，谓之乡贤。"意思是说，出生在当地，其德行和学业都被世人称赞，可以称之为乡贤。在现代社会，乡贤的概念已经发生了变化，但其本质是一样的，即在当地具有良好的口碑，其德行被乡人推崇的人。乡贤热爱自己的家乡，他们愿意为乡村的发展奉献自己，也有能力为乡村的发展贡献人力、物力。他们的一些行为可以起到示范作用，他们的号召也容易被村民接受。因此，要充分发挥乡贤的示范和引领作用，从而带动更多村民参与乡村文化的建设。

2.重视每一位村民的作用

相较于乡贤而言，村民的力量虽然相对小一些，但作为乡村的一员，每一位村民都可以发挥其自身的力量。俗话说"众人拾柴火焰高"，个人的力量虽小，但众人的力量结合起来，便可以"填山移海"。因此，在乡村文化建设中，不能因为村民的力量小而忽视了他们的作用，要积极引导每一位村民都加入乡村文化建设中，让他们为乡村文化的建设贡献自己的一份力量，并在乡村文化振兴中发光发热。

（二）鼓励社会各界力量参与乡村文化建设

参与乡村文化建设，不仅要发挥村民的作用，还需要引导社会各界力量积极参与乡村文化建设。

1.鼓励文化行业代表参与乡村文化建设

文化行业代表长期从事文化事业，具备较高的专业知识水平，能够为乡村的文化建设提供专业的指导。乡村的文化建设是一项系统的工程，需要和乡村的整体规划结合起来，需要在村党支部和村民委员会的领导下开展。但村党支部和村民委员会的人员并非专业的文化行业从业者，他们缺乏专业知识的支撑，而文化行业代表可以弥补他们的不足，从而使乡村文化建设的规划更具科学性。此外，文化行业代表具有丰富的工作经验，他们可以有效组织和引导村民开展文化活动，进一步丰富乡村的文化生活。

2. 鼓励群众组织参与乡村文化建设

群众组织虽然在文化建设的专业性上存在一些不足，但在联系动员群众、维护群众利益、参与社会治理、教育引导群众等方面却具有很大的优势。因此，要积极鼓励群众组织参与乡村文化建设，充分发挥其组织群众的优势作用，深入基层，扎根广大村民群体，了解村民群体的文化需求，然后针对他们的需求组织文化活动；或者将相关信息转达给其他的参与主体，推动乡村的文化建设。

3. 鼓励个人参与乡村文化建设

对于个人而言，虽然他们的力量较小，但仍旧能够在乡村的文化建设中发挥一定的作用，因此，各地应为个人参与乡村文化建设营造一个良好的环境，以此带动更多的个体参与乡村文化建设。比如，大学生具有较高的文化水平，能够为乡村的文化建设注入源源不断的活力，各地可以制定一些返乡入乡的优待政策，以此提高乡村文化建设对大学生的吸引力，使他们成为乡村文化建设的一员。此外，各地还可以借助新媒体加强正确的舆论引导，提高社会大众的社会责任感，让他们认识到参与乡村文化建设是每一位公民的责任和使命。

三、探索乡村优秀传统文化保护和传承的路径

优秀的乡村传统文化是乡村文化中的重要组成部分，保护和传承优秀的乡村传统文化是乡村文化建设的重要路径。

（一）构建乡村优秀传统文化保护和传承的多重机制

乡村优秀传统文化的保护和传承是一项系统的工程，需要针对它构建多重机制。

（1）针对乡村优秀传统文化逐渐消解的现状，需要构建乡村优秀传统文化认同机制，让更多的人认识到乡村优秀传统文化的价值和重要意义，以此来减缓或阻止乡村优秀传统文化的消解。

（2）针对外来文化对乡村优秀传统文化的冲击，需要构建文化自信培育机制。不可否认，外来文化中有优秀的成分，也有需要我们学习和借鉴的地方，但乡村优秀传统文化中同样有很多需要我们继承和发展的内容，

我们不可以妄自菲薄，而是要具有文化自信，在接受外来文化的基础上，不断传承和弘扬本土的优秀传统文化。

（3）针对乡村优秀传统文化保护和传承取得的成果，可以建立成果共享机制。保护和传承优秀的乡村传统文化并不是为了将其局限在某一地域范围内，而是为了让其得到弘扬和发展。因此，针对保护和传承的成果，可以构建成果共享机制，从而让优秀的乡村传统文化可以传播到更多的地方。

（二）探寻乡村优秀传统文化保护和传承的新模式

在构建乡村优秀传统文化保护与传承的多重机制时，还需要积极探寻乡村优秀传统文化保护和传承的新模式。以乡村优秀传统文化中的手工艺术为例。在传统社会，手工艺术的传承往往是师徒传承的模式。进入现代社会后，这种模式已经不能满足社会发展的需求，需要探索新的传承模式。笔者认为，可以将乡村一些优秀的手工艺术与高校的教学结合起来，尤其可以和一些设计类专业的教学结合起来，这样不仅有助于乡村手工艺术的传承，还有助于高校教学模式的创新，可谓一举两得。需要注意的是，在探索乡村优秀传统文化保护和传统的新模式时，需要结合时代和社会发展的需求，体现出一定的时代特征，这样才能被更多的人接受，才能起到保护和传承乡村优秀传统文化的作用。

四、构建完善的乡村文化建设保障体系

乡村文化建设是一项涉及诸多内容的工作，需要全面系统的保障体系支撑。因此，除了上述三条路径外，乡村的文化建设还需要走保障体系构建之路。完善的保障体系主要包括以下三方面的内容（见图 5-4）。

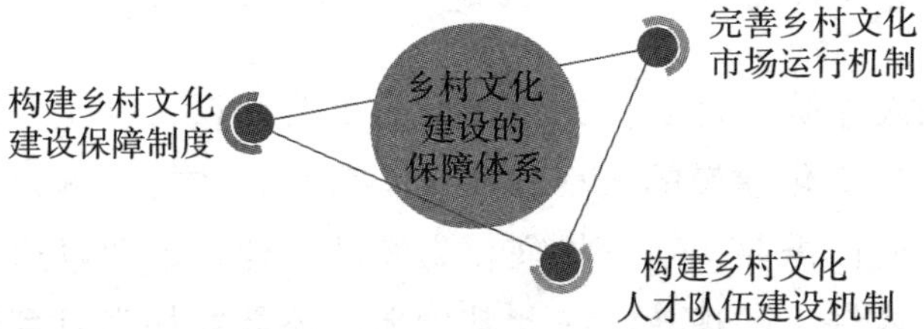

图 5-4　乡村文化建设的保障体系

（一）完善乡村文化市场运行机制

当前，乡村文化市场的运行机制还存在一些不足，这在一定程度上影响了乡村文化的建设和发展，因此，必须结合乡村文化建设的需求去完善乡村文化市场的运行机制。

1.优化乡村文化市场环境

市场环境是影响乡村文化市场发展的一个重要因素。随着乡村文化建设工作的逐步推进，乡村文化市场的环境也需要随之优化，以起到支撑乡村文化建设的作用。首先，应建立开放机制、平等机制、竞争机制等机制，给每一位村民提供进入乡村文化市场的机会，同时引导相关从业者进行平等的竞争；其次，应建立配套的投资融资机制，在资金上给予积极支持；再次，应建立乡村公共文化服务平台，将技术、艺术、人才等资源放到平台上进行推介，通过市场对资源的优化配置，最大程度地避免资源的浪费；最后，要建立种类齐全的文化市场，为村民提供丰富的文化产品和文化服务，比如图书市场、音像市场、艺术品市场、手工品市场及民俗市场等。

2.加强乡村文化市场管理

市场管理是确保乡村文化市场有序运行的关键，所以在优化乡村文化市场环境的基础上，还需要加强对乡村文化市场的管理。首先，可以针对乡村文化市场管理建立专业化的市场管理机构，组织专业的管理人才，制定完善的管理制度，以此来实现对乡村文化市场的有效管理；其次，可以发挥各地文化室、文化站的监督作用，成立联合执法队伍，强化对乡村文化市场的管理；最后，建立群众监督反馈平台，充分发挥群众的力量，从而使监督管理更加全面和有效。

（二）构建乡村文化人才队伍建设机制

乡村文化人才队伍是乡村文化建设的重要力量，其建设情况在很大程度上影响着乡村文化建设的效率和质量。目前，乡村普遍存在着文化人才缺乏的问题，所以需要构建乡村文化人才队伍建设的激励机制，以此来改善乡村文化人才缺乏的现状。在此基础上，还需要加强对乡村文化人才队伍的管理，以确保乡村文化人才队伍的有效运行。

1.构建乡村文化人才队伍建设激励制度

在人才队伍建设中，激励机制可以起到极大的推动作用，乡村文化人才队伍的建设也是如此。激励机制的建设可以提升乡村对人才的吸引力，从而推动乡村文化人才队伍的建设。在激励机制中，物质激励是基础，这也是最常见的激励方式。根据马斯洛的层次需求理论可知，物质需求是最基本的需求，人只有满足了物质层面的需求，才会产生更高层次的需求。因此，首先需要制定物质激励制度，以满足人才物质层面的需求。在此基础上，还需要制定精神激励制度，该制度是对物质激励制度的补充，旨在满足人才更高层面的需求。精神激励常用的方法有信任激励、情感激励、价值激励等，在具体实践中，可依据人才需求的不同采取不同的精神激励方法。

2.构建乡村文化人才队伍建设的管理机制

乡村文化人才队伍的建设不能只依靠激励制度，还需要构建管理机制，加强对乡村文化人才队伍的管理，这样有助于进一步提高乡村文化人才队伍建设的质量。乡村文化人才队伍建设管理机制的构建可以从以下两个方面着手。

（1）建立人才培训制度。时代是不断发展的，随着乡村文化建设工作的推进，乡村文化建设对人才的要求也会随之提高，所以需要针对乡村文化人才进行定期的培训，以促进乡村文化人才综合素养的不断提高，从而持续满足乡村文化建设对人才的需求。培训制度不仅满足了乡村文化人才不断提升自我的需求，也表明了乡村对文化人才的重视，这有助于吸引和留住人才。

（2）建立人才考核制度。考核的作用主要有两个：一是强化对人才的监督；二是为激励制度的实施提供依据。为了确保考核结果的科学性，针对乡村文化人才的考核应该是全方位的，除了针对工作成绩进行考核之外，还需要针对人才的思想、知识、能力等进行综合性的考核。与此同时，还要建立上级考评、同级考评与村民考评相结合的评价模式，这种从多个角度收集的考核结果能够在一定程度上降低考核结果的片面性，提高考核结果的科学性。

（三）构建乡村文化建设保障制度

构建保障体系的目的就是为乡村文化的建设提供综合性的保障，而在保障体系中，保障制度是发挥保障作用最关键的部分。乡村文化建设保障制度的构建可以从政策保障和组织保障两个方面做出思考。

1. 加强政策保障

在乡村文化建设中，党和国家的政策起着宏观引领的作用，同时也保障着相关措施的落地。党和国家一直非常重视乡村的建设，2004—2022 年，中共中央连续十九年发布以“三农”（农业、农村、农民）为主题的中央一号文件，强调了“三农”问题在中国社会主义现代化时期重中之重的地位。而在“三农”问题中，乡村文化建设是一项重要的内容。比如，在 2022 年的中央一号文件中，针对乡村文化建设明确指出，要“弘扬和践行社会主义核心价值观”“探索统筹推动城乡精神文明融合发展的具体方式，完善全国文明村镇测评体系。启动实施文化产业赋能乡村振兴计划。整合文化惠民活动资源，支持农民自发组织开展村歌、‘村晚’、广场舞、趣味运动会等体现农耕农趣农味的文化体育活动。办好中国农民丰收节。加强农耕文化传承保护，推进非物质文化遗产和重要农业文化遗产保护利用”。当然，由于不同地区的乡村存在经济、文化上的差异，所以各地需要结合当地乡村的实际情况，制定更为具体的指导性政策，为乡村的文化建设提供更加强力的政策保障。

2. 发挥乡村组织的保障作用

乡村组织是乡村振兴战略实施的基础单元，也是乡村振兴战略实施的动力引擎。乡村组织一般指村党支部、村民委员会和“两新组织”（新的经济组织和新的社会组织）。可以通过以下两个途径发挥乡村组织在乡村文化建设中的保障性作用。

（1）明确村党支部和村民委员会对乡村文化建设的领导作用。乡村文化建设是一项系统的工程，需要村党支部和村民委员会结合乡村的发展情况进行统筹规划，制订发展计划，这样才能确保乡村文化建设相关工作的有序推进。与此同时，村党支部和村民委员会还需要肩负起乡村文化事业发展的职责，协调好乡村文化事业发展与经济发展的关系。此外，村党支部和村民委员会还需要针对乡村的文化建设制定目标管理机制，将乡村文化建设纳入制度化轨道，确保乡村文化建设朝着明确的目标前进，并切实按照相关要求有序的落实。

（2）发挥“两新组织”在乡村文化建设中的辅助作用。就组织的范畴而言，乡村的“两新组织”属于群众组织的范畴。关于群众组织在乡村文化建设中的作用，前面有关章节已经做了论述，在此不再赘述。需要注意的是，“两新组织”作用的发挥需要以村党支部和村民委员会的规划为方向，这样才能确保乡村文化的建设始终朝着正确的方向前进。

第六章　乡村振兴的重要支撑：生态宜居

第一节　乡村生态环境保护

良好的生态环境是实现乡村振兴的重要支持，乡村振兴的实现不能以牺牲乡村生态环境为代价，因此，在推进乡村振兴的进程中，加强对乡村生态环境的保护至关重要。

一、乡村生态环境保护规划的制定

乡村生态环境保护规划对于乡村生态环境保护工作的实施具有重要的指导作用，所以在开展乡村生态环境保护相关工作之前，需要结合乡村生态环境实际制定具体的保护规划。

（一）乡村生态环境保护规划制定的原则

在制定乡村生态环境保护规划时，应遵守以下几项原则。

1. 防治结合的原则

防治结合的原则是指在制定乡村生态环境保护规划时，要将预防和治理放在同等重要的位置上，遵循防治结合的原则。预防是为了避免乡村生态环境遭到进一步破坏，治理是为了改善乡村被破坏的生态环境。通过防治结合，可以达到 1+1 ＞ 2 的效果。

2. 系统性原则

乡村生态环境是一个复杂的系统，在这个系统中有多个要素，而各个要素之间存在着紧密的联系，任何一个要素的变化都可能会影响其他的要素，进而影响整个生态系统。因此，在制定乡村生态环境保护规划时，需要遵循系统性原则，对生态环境系统进行全面的考虑，避免出现顾此失彼的情况。

3. 参与性原则

参与性原则是针对广大的村民而言的，因为在乡村生态环境保护中，村民发挥着重要的作用，而且村民本身也享有参与的权利。因此，在制定乡村生态环境保护规划时，要遵循参与性原则，将广大的村民考虑进来。

4. 针对性原则

不同乡村的生态环境或多或少都存在着差异，再加上不同乡村经济发展、人口分布、技术水平上的差异，要求不同乡村的生态环境保护工作做到因地制宜。因此，在制定乡村生态环境保护规划时，要遵循针对性原则，确保相关工作能够有的放矢。

（二）乡村生态环境保护规划制定的内容

在制定乡村生态环境保护规划时，至少要包含以下几方面的内容。

1. 对乡村环境进行分区

对乡村环境进行分区可以提高乡村生态环境保护工作实施的针对性。通常情况下，乡村的环境分区可分为以下几种。

（1）一般保护区。一般保护区主要包括村民生活居住区和商业发展区两部分。

（2）特殊保护区。特殊保护区包括一般保护文物古迹保护区、自然保护区及特殊水域保护区等。

（3）生态农业区。生态农业区是指乡村用来发展生态农业的区域，提高对该区域的保护，可以提高农产品的质量。

（4）重点治理区。重点治理区是指存在比较严重的污染问题的区域，需要进行重点治理。

（5）污染控制区。污染控制区分布有较多的乡村企业，为了减少企业发展对乡村环境造成的污染，要加强控制。

2. 对乡村生态经济结构进行调整

乡村的生态经济结构是影响乡村生态环境的一个重要因素。在制定乡村生态环境保护规划时，需要充分考虑乡村当下的生态经济结构，然后对其进行科学调整。具体内容如下：

（1）整顿落后的产业模式。

（2）积极推动绿色农业的发展。

（3）积极推广清洁生产工艺。

（4）积极推进产业的融合。

3. 明确乡村生态环境保护的大致方向

乡村生态环境保护工作的实施要有明确的方向。在制定乡村生态环境保护规划时，应明确乡村生态环境保护的大致方向。具体内容如下。

（1）开展乡村生态环境有效预防的环保工程。

（2）开展能够有效解决乡村生态环境问题的环保工程。

（3）开展有助于乡村生态环境恢复的环保工程。

（4）加强对乡村自然资源的保护，同时注重乡村自然资源的有效开发和利用。

4. 对乡村生态文化进行建设

乡村生态文化建设是乡村生态环境保护中的重要一环。建设乡村生态文化建设的内容如下。

（1）加强生态环境教育，提高村民环保意识，使村民逐渐树立起新的环境观、资源观。

（2）加强对村民的管理和动员，引导村民积极参与乡村生态环境保护工作。

（三）乡村生态环境保护规划制定的程序

在制定乡村生态环境保护规划时，可遵循如图 6-1 所示的程序进行。

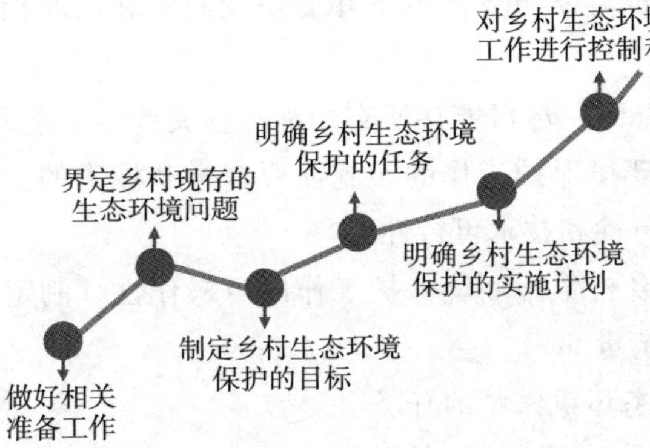

图 6-1　乡村生态环境保护规划制定的程序

1. 做好相关准备工作

在开展乡村生态环境保护工作之前，需要做好相关方面的准备工作，这是乡村生态环境保护规划制定的第一步。在该阶段，主要进行资料的收集、了解乡村生态环境现状、确定工作人员等。该阶段常用的方法有访谈法、问卷调查法、实地考察法、文献法等。

2. 界定乡村现存的生态环境问题

在收集了充足的资料后，便可以对资料进行深入的分析，然后对乡村现存的生态环境问题进行界定。在对乡村现存的生态环境问题进行界定时，应注意以下几个问题。

（1）在界定乡村现存的生态环境问题时，尽可能让所有的利益相关者都参与进来。

（2）在界定乡村现存的生态环境问题时，应注意定量分析和定性分析的有机结合。

（3）在界定乡村现存的生态环境问题时，应针对不同的问题进行分类讨论，比如水资源问题、土地资源问题等。

（4）注意自然资源开发和利用过程中存在的问题。

3. 制定乡村生态环境保护的目标

目标的合理和科学与否影响着乡村生态环境保护工作实施的成效，所以在制定目标时，需要注意以下几个方面。

（1）目标的制定需要与乡村生态环境建设的实际情况相匹配，不能过高，也不能过低。

（2）在制定目标时，尽可能让所有的利益相关者参与进来。

（3）乡村生态环境保护工作的实施需要资金和技术的支持，制定的目标需要具备经济可行性和技术可行性。

（4）为了提高乡村生态环境保护工作的可操作性，制定的目标能够通过一定的指标进行衡量。

4.明确乡村生态环境保护的任务

在制定了乡村生态环境保护的目标后，便可以围绕目标制定任务。制定任务时需要特别注意以下几点。

（1）确保乡村生态环境保护任务具有实施的可操作性。

（2）对乡村生态环境保护的任务进行具体的论述，并确定相关负责人。

（3）明确对乡村生态环境保护任务的实施条件，制定任务实施效果的衡量指标。

5.明确乡村生态环境保护的实施计划

具体的实施计划主要包括以下几项内容。

（1）明确乡村生态环境保护任务具体的实施时间和完成时间。

（2）明确乡村生态环境保护任务的实施条件，并确保各条件都已准备妥当。

（3）初步确定乡村生态环境保护任务的实现程度。

6.对乡村生态环境保护工作进行控制和评估

对乡村生态环境保护工作进行控制和评估是乡村生态环境保护工作的最后一个环节，其作用主要是为了确保乡村生态环境保护工作能够按照规划有序地进行，确保最后的效果。

二、乡村生态环境保护的具体措施

乡村生态环境保护是实现乡村生态振兴的一个重要举措，在具体实践中，可以通过以下几项措施去实现。

（一）提高村民的环境保护意识

乡村生态环境保护涉及预防和治理两项内容，而无论是预防还是治理，都需要广大的村民具备较强的环境保护意识，这样才有助于乡村生态环境保护工作的推进，也有助于引导更多的村民参与乡村生态环境保护的工作。随着乡村的发展，村民的视野不断开阔，很多村民已经具备了一定的环境保护意识，但相较于乡村生态环境建设的目标而言，村民所具有的环境保护意识并不能满足需求，还需要进一步提高村民的环境保护意识。

（1）应加强环境保护的宣传力度。很多乡村都存在生态环境保护宣传力度较弱的问题，这是导致村民环境保护意识相对较弱的一个重要原因。针对村民环境保护意识较弱的乡村，要加强宣传的力度，扩大宣传的覆盖面。宣传时应充分利用广播、电视、互联网等各种载体，多渠道、全方位地进行渗透，逐渐增强村民的环境保护意识，提高村民环境保护的责任感和使命感。

（2）开展多种形式的环境保护宣传活动，一方面可以营造保护乡村生态环境的良好社会氛围；另一方面，这种活动喜闻乐见、接地气，容易被村民理解和接受。比如，可以举办“世界地球日”“保护山林”等科普类、实践类的活动，并引导村民深入参与，从而让村民在亲身的体验中提高环境的保护意识。

（二）完善乡村生态环境保护政策

完善乡村生态环境保护政策是推进乡村生态环境建设的一项有力的举措，因为政策的支撑，可以促使乡村生态环境保护走向制度化、规范化，进而使相关工作的实施也能够做到有章可循。乡村生态环境保护政策的完善可以从以下几方面做出思考。

（1）制定乡村生态环境保护规划政策，指导乡村生态环境保护规划的制定，保证乡村生态环境保护规划制定的合理性、科学性和有效性。

（2）制定乡村生态环境纠纷处理政策。在乡村生态环境保护工作实施的过程中，不可避免会出现一些纠纷，该政策的制定可以有效地处理相关纠纷。

（3）制定乡村生态环境保护的村民自主治理政策。为了充分发挥村民的主力军作用，并有效保障他们的权益，应制定相应的保障性政策。

（4）制定乡村生态环境保护的补偿政策。在乡村生态环境保护工作实施的过程中，可能会影响到利益相关者的利益，此时便需要相关政策的指导与补救，保证乡村生态环境保护工作能够顺利实施。

（三）健全乡村生态环境保护的法律法规

乡村生态环境的建设除了需要政策的支撑之外，还需要健全相关方面的法律法规，以确保乡村生态环境保护工作的实施有法可依。

（1）在立法方面，需要从乡村现存的生态环境问题出发，在尊重乡村自然生态规律的基础上，制定科学、民主的乡村生态环境保护的法律法规体系。新的法律法规体系要改变传统“以罚为主”的立法理念，因为惩罚不是目的，而是手段，所以惩罚措施的制定要合理，并和其他措施相辅相成。

（2）在执法方面，要不断提高执法人员的执法水平，执法时做到有法可依，同时做到违法必究，执法必严。

（3）在监督方面，除了政府部门对执法人员进行监督之外，还可以引导广大村民参与对执法人员进行监督，有助于提高执法的公平性。

（四）保证乡村生态环境保护的资金投入

乡村生态环境保护是一项系统的工程，需要投入一定的物力、人力和财力，所以需要保障资金的投入。对于乡村而言，资金投入不足是制约乡村生态环境保护事业发展的一个重要因素。要改变这一状况，国家需要加大乡村生态环境保护资金的投入，同时积极引导银行、社会组织、企业等参与进来，为乡村生态环境保护提供必要的资金支持。

（五）建立乡村生态环境事故应急预警机制

生态环境事故一旦发生，不仅会对乡村的生态环境造成恶劣的影响，还可能对村民的生命财产安全造成极大的危害。因此，建立乡村生态环境事故应急预警机制非常必要，它能有效地遏制事故，并将事故的危害降到最低。完善的乡村生态环境事故应急预警机制至少应包含以下五方面的内容。

（1）现场污染处置措施。在发生乡村生态环境事故时，相关工作人员应尽快赶往现场，果断采取污染处置措施，防止事态进一步扩大。

（2）转移安置人员。根据突发事故的影响范围设置警戒区，进行交通管制，如果对村民的生命安全造成影响，应及时转移安置相关人员。

（3）医学救援。当有人员受伤时，能及时开展医学救援工作，对伤员进行诊断治疗，同时做好受影响人员的心理辅导。

（4）应急监测。在处理事故的过程中，需要加强应急监测工作，并根据事故的种类、危害等制定监测方案与监测方法。

（5）信息发布和舆论引导。借助广播、电视、互联网等途径发布乡村生态环境事故的情况，以及应对工作的详细信息，及时回应社会关切，澄清不真实的信息，引导社会舆论向着正确的方向发展。

第二节　乡村人居环境建设

一、乡村人居环境建设的发展进程

自中华人民共和国成立以来，乡村人居环境建设便一直是乡村发展中的一项重要内容，通过梳理乡村人居环境建设的发展历程，可以将其归纳为五个阶段（见图 6-2）。

（一）乡村人居环境建设的稳定恢复阶段（1949—1956 年）

中华人民共和国成立之后，党和政府首先带领农民完成了土地改革，实现了“耕者有其田”的目标。在此基础上，党和政府为了进一步改善农民的生活，还实施了一系列的措施，如制定合作医疗制度，开办夜校等。但受生产力的限制，该阶段乡村人居环境的建设仍旧处在较低的水平。

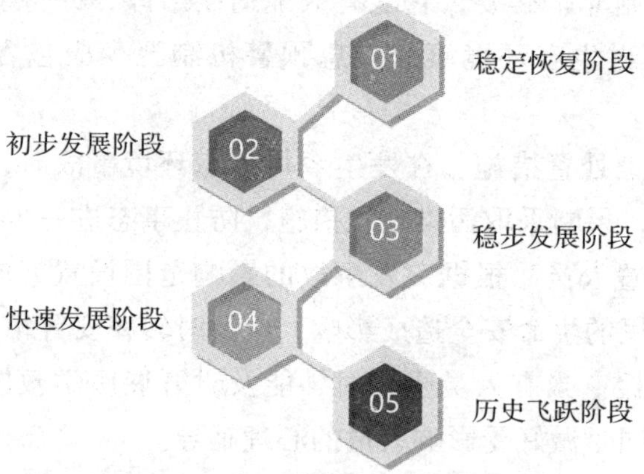

图 6-2　乡村人居环境建设的发展进程

（二）乡村人居环境建设的初步发展阶段（1957—1977 年）

在该阶段，中国以计划经济和人民公社制度为主，在这一大环境下，乡村人居环境的建设受到了很大的影响。虽说该阶段的乡村人居环境建设存在一些问题，但总体而言，经过 20 年的努力，乡村人居环境建设取得了较好的成效，具体体现在以下三个方面。

（1）乡村教育、卫生、文化相关方面的制度得到了进一步的完善，乡村居民的生活得到了初步的保障[①]。

（2）科学技术开始在乡村应用，一定程度上便捷了村民的生活。

（3）广大村民的生活趋于稳定，物质条件和精神生活得到了一定程度的改善和满足。

（三）乡村人居环境建设的稳步发展阶段（1978—2002 年）

改革开放之后，中国经济实现了快速的发展，人民生活水平不断提高。在这一大环境下，乡村的人居环境建设得到了稳步的发展。首先，从村民的物质生活层面来看，经济的快速发展使得村民的物质生活水平得到了提高；其次，从村民精神文化生活的层面来看，随着我国经济实力的不断增

① 陈锡文. 中国农村制度变迁 60 年 [M]. 北京：人民出版社，2009：281.

强，党和国家越来越重视乡村的精神文化建设，积极培育乡村文化市场，积极开展多样的乡村文化活动，使得广大村民的精神文化生活得到了极大的改善；最后，党和国家加强了对乡村公共基础设施的建设，提高了乡村公共产品供给的能力，使得乡村的人居环境得到了进一步的改善。

（四）乡村人居环境建设的快速发展阶段（2003—2011 年）

2003 年，国务院发布了《国务院关于全面推进农村税费改革试点的意见》，这是时隔 17 年后，中央一号文件再次聚焦“三农”问题。2005 年，在党的十六届五中全会上，党中央将新农村建设作为国家战略提出，这标志着中国进入了“以工促农、以城带乡”的时期。在这一大环境下，乡村的人居环境建设开始进入快速发展的阶段。首先，国家增加了对乡村建设的财政支出，村民的社会保障得到了进一步加强。其次，国家出台了一系列的改善乡村人居环境的政策。比如，在 2006 年的《中共中央 国务院关于推进社会主义新农村建设的若干意见》中明确指出，要建设“村容整洁的新农村”。最后，国家实施了一系列的惠民工程，这些惠民工程的落地也促进了乡村人居环境的改善。比如，2006 年国家启动了农村饮水安全应急工程，并编制了《全国农村饮水安全“十一五”工程规划》，在该规划中明确指出，要解决农村 1.6 亿人口的饮水安全问题。总之，经过 10 年的努力，中国乡村的人居环境得到了很大的改善，很多乡村都实现了住房稳定、交通通畅、饮水安全和供电稳定的人居环境建设目标。

（五）乡村人居环境建设的历史飞跃阶段（2012 年至今）

在中国共产党第十八次全国代表大会上，各代表关于乡村建设形成了以下共识：解决好农业农村农民问题是全党工作重中之重，要加大统筹城乡发展力度；坚持工业反哺农业、城市支持农村方针；全面改善农村生产生活条件；推进城乡规划、基础设施、公共服务一体化；形成城乡一体的新型城乡关系。党的十八大提出对乡村人居环境的建设具有重大意义。十八大之后，中央颁布了一系列的政策用以指导乡村人居环境的建设。比如，2014 年，国务院办公厅发布了《关于改善农民人居环境的指导意见》，这是我国首个针对乡村人居环境建设提出的国家级文件。该指导意见明确指出，要“继续推进农村饮水安全工程，实施村内道路硬化工程，实施新一轮农村电网升级改造工程，完善防灾减灾设施。大力开展村庄环境整治，加快农村环境综合整治，推进农村清洁工程，加强村庄公共空间整治。稳步推进宜居乡村建设，保护和修复自然景观和田园景观”。

2022 年的中央一号文件，针对乡村人居环境的整治工作制定了五年行动计划，并明确指出要“巩固户厕问题摸排整改成果。分区分类推进农村生活污水治理，优先治理人口集中村庄，不适宜集中处理的推进小型化生态化治理和污水资源化利用。加快推进农村黑臭水体治理。推进生活垃圾源头分类减量，加强村庄有机废弃物综合处置利用设施建设，推进就地利用处理。深入实施村庄清洁行动和绿化美化行动”。

在 2012 年至今的 10 多年时间里，各级政府在党中央的领导下，制定了一系列的发展规划，确保了乡村人居环境建设措施的有效落地。与此同时，越来越多的学者聚焦于乡村人居环境建设，为乡村人居环境的建设提供了充足的理论支持。因此可以说，我国乡村人居环境的建设已经进入了历史性的飞跃发展阶段。

二、乡村人居环境建设的策略

经过几十年的发展，乡村人居环境已经有了很大的改善，而在乡村振兴的背景下，需要在以往成果的基础上，继续深入开展乡村的人居环境建设。根据乡村人居环境建设的现状，笔者提出了以下四点建设策略（见图 6-3）。

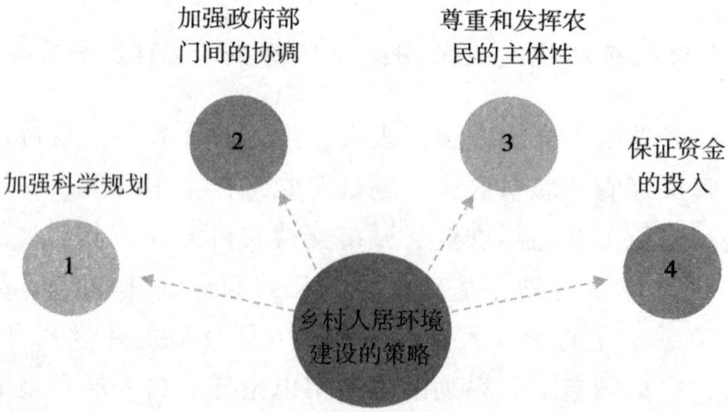

图 6-3　乡村人居环境建设的策略

（一）加强科学规划

在乡村人居环境建设中，科学的规划能够减少建设过程中因为方向的不明确而导致的重拆重建、破坏生态环境、浪费资源等情况的发生。因此，要加强对人居环境建设的科学规划。

1. 对村庄布局进行合理的规划

村庄布局是影响乡村人居环境的一个重要因素。合理的村庄布局应该能够满足村民的需求，同时也具有当地特色，并有助于提高村民的生活质量。目前，中国很多乡村的布局都缺乏科学性，处于无序状态，显然不利于乡村人居环境的建设。针对这一问题，政府应充分发挥领导作用，结合高校、研究所或社会组织的力量，在对村庄进行实地考察的基础上，进行科学、合理的规划。在规划的过程中，应广泛听取村民的意见，合理规划公共服务设施项目，以便使村庄的布局既有助于乡村人居环境的改善，也能够满足村民的需求。

2. 因地制宜地进行规划

2014 年国务院办公厅发布的《关于改善农民人居环境的指导意见》针对乡村人居环境建设提出了因地制宜、分类指导的原则，该原则一直指导着近些年中国乡村的人居环境建设。中国幅员辽阔，地形种类多样，不同乡村在文化传统、自然环境、经济发展等方面存在很大的差异，因此，在规划人居环境建设时，需要根据不同乡村的不同情况进行分类指导，这样才能使规划更具科学性和合理性。

（二）加强政府部门间的协调

在乡村人居环境建设中，政府居于领导者的位置，通过加强政府部门间的协调，可以提高政府部门的管理效率，进而提高乡村人居环境建设的成效。政府部门间的协调包括同级政府部门间的协调和不同层级政府部门间的协调。就同级政府部门而言，乡村人居环境建设涉及环境保护、社会保障、国土规划等多个部门，需要协调好各部门间的关系，明确各部门的责任，这样才有助于相关工作的顺利实施。就不同层级的政府部门而言，不同层级的政府部门在乡村人居环境建设中发挥着不同的作用，需要明确好不同层级政府部门之间的责任，这样才能使不同层级政府部门的职能作用得到最大的发挥，进而提高乡村人居环境建设的效率。

（三）尊重和发挥村民的主体性

村民在乡村建设中发挥着重要的作用，他们是乡村建设的主体，在乡村人居环境建设中同样如此。因此，在乡村人居环境建设中，必然尊重村民的主体性，同时还要注重激发他们的主人翁意识，发挥他们建设乡村人居环境的主观能动性。

1.尊重广大村民的需求

乡村人居环境建设是为村民服务的，只有满足了村民的需求，才能体现其为村民服务的本质。因此，在乡村人居环境建设中，要广泛听取村民群众的意见，结合广大村民的需求进行规划和建设，避免出现面子工程。比如，随着乡村经济的发展，很多乡村已经初步完成了基础设施建设，乡村的人居环境已经得到了极大的改善，但乡村的人居环境不仅体现在表面环境上，还体现在卫生事业、社会保障等公共服务方面。针对具有公共服务方面需求的乡村，各地应将工作的重点从基础设施建设中转移出来，加强卫生事业、社会保障等公共服务方面的建设，如增加乡村的医疗服务点，使村民看病更加便利等。

2.进一步提升村民自主的意识

要发挥村民在乡村人居环境建设中的主体性，营造村民自治的良好氛围，这样可以调动村民参与自治的积极性。经过几十年的发展，我国乡村治理机制在不断完善，村民自主治理乡村的意识也在不断增强，但总体而言，村民自治的意识仍旧相对较弱，所以需要进一步提升村民自治的意识。具体到人居环境建设中，就是要建立自下而上的民主机制，在尊重村民人居环境建设需求的基础上，引导村民积极参与乡村的规划、建设，以及管理之中，甚至可以发挥村民的监督作用，这对于提高乡村人居环境建设的效率无疑具有重要的意义。

3.提高村民的建设能力

要充分发挥村民在乡村人居环境建设中的作用，除了引导村民积极参与之外，还需要提高村民的建设能力，因为作为主要的建设者，如果不具备一定的建设能力，那么也很难提出合理的建议。此外，在完成乡村人居环境建设的任务之后，还需要长期的维护，而村民作为身处乡村之中的维护者，只有具备一定的建设能力，才能更好地落实其维护的职责。由此可见，提高村民的建设能力非常有必要。但村民毕竟不是专业的建设者，对他们的能力要求不能过高，只需要对村民进行广泛的教育，适度、普遍的提高他们的建设能力即可。

（四）保证资金的投入

通常情况下，乡村人居环境建设的资金由政府承担，但一味地加大政府的财政投入，无疑会增加政府的财政负担。根据需要，可以引入社会资本，这样不仅可以降低政府的财政压力，还可以确保资金的充足。在引导社会资本进入乡村时，可以遵循共同建设、共同受益的建设理念，让进入乡村的资本也能够从中受益，这样可以吸引更多社会资本进来。在保障资金投入的基础上，还需要优化对资金的配置，避免资金的浪费。

第三节　推进农业绿色发展

乡村振兴生态宜居目标的实现，除了从乡村生态环境保护和人居环境建设两个方面着手，还需要着眼于乡村的农业发展，因为农业是乡村发展的支柱性产业，不仅影响着乡村经济的发展，还影响着乡村整体的环境。显然，传统的农业发展模式不利于生态宜居这一目标的实现，所以应推进农业的绿色发展。

一、农业绿色发展的概念与范畴

（一）农业绿色发展的概念

农业绿色发展自提出以来，一直受到社会的广泛关注，也成了我国农业发展的一个新方向。农业绿色发展，“农业”是主体，“绿色”是方向，“发展”是目标。在实施乡村振兴的战略背景下，农业绿色发展既是破解我国农业发展生态环境压力的重要突破口，也是推动乡村振兴实现的一个重要着力点。

关于农业绿色发展的概念，不同学者有不同的论述。尹昌斌等人认为，农业绿色发展就是要逐步采用高新农业技术，形成现代化的农业生产体系、流通体系和营销体系，在生产过程中保证农产品质量安全，最终实现农业可持续发展和推进农业现代化[①]。陈健则指出，农业绿色发展就是按照全面、协调、可持续发展的基本要求，以提高农业综合经济效益、实现资源节约型和环境友好型绿色农业为目标，采用先进的技术、装备和管理理念，注重资源的有效利用和合理配置，形成的一条“绿色引领、高效运行、协同发展”生态文明型现代农业发展道路[②]。金书秦等人则把农业绿色发展的概念界定为三个层次，即去污（农业生产过程的清洁化）、提质（产地绿色化和产品优质化）、增效（绿色成为农业高质量发展的内生动力）[③]。

综上所述，农业绿色发展是指以资源环境承载力为基准，以生态保育为根本要求，以资源的节约和高效利用为基本特征，以环境友好为属性的人与自然和谐共生的发展模式。

（二）农业绿色发展的范畴

农业的绿色发展是一项系统性的工程，具有丰富的理念内涵，其涉及的范畴至少涵盖农业布局绿色化、生产手段绿色化、农业资源利用绿色化、农业产业链接绿色化、农产品供给绿色化和农产品消费绿色化六个方面，如图 6-4 所示。

① 尹昌斌，程磊磊，杨晓梅，等.生态文明型的农业可持续发展路径选择[J].中国农业资源与区划，2015，36（1）：15-21.

② 陈健.我国绿色产业发展研究[D].武汉：华中农业大学，2009.

③ 金书秦，牛坤玉，韩冬梅.农业绿色发展路径及其“十四五”取向[J].改革,2020（2）：30-39.

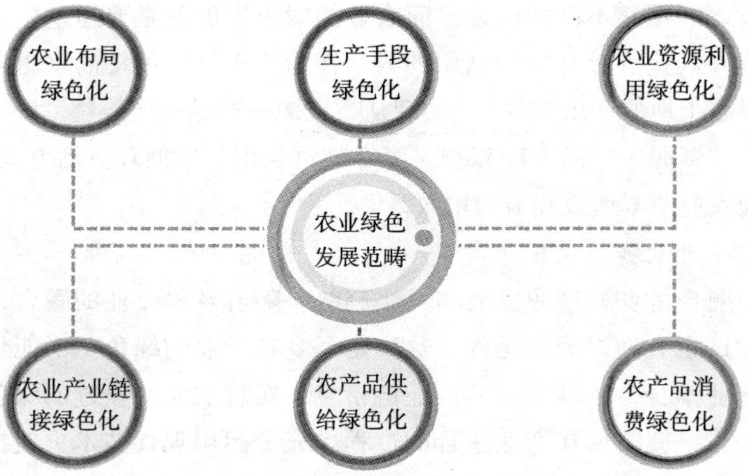

图 6-4　农业绿色发展范畴

1. 农业布局绿色化

在农业发展中，农业布局处于统筹的位置，这也是实现“农业现代化”的重要着力点之一。在进行农业布局时，应遵循“宜农则农、宜牧则牧、宜渔则渔、宜林则林”的原则，因地制宜，依据不同地区乡村农业发展的需求，分阶段、分类别的予以指导，实现农业主体功能布局的调整与优化。与此同时，加快推进粮食生产功能区和重要农产品生产保护区划定，建立健全粮食主产区利益协调创新机制；创建特色农产品和高效农业优势区，构建评价标准和技术支撑体系，打造一系列品种丰富、集群发展、绿色高效的特色农产品优势区，从而减轻优势区农业发展的压力。

2. 生产手段绿色化

就我国当前乡村农业发展的现状来看，很多乡村仍旧采用粗放型的农业生产方式，这是一种低水平的农业生产方式，其发展是不可持续的，也不符合科学发展观。推进农业绿色发展就是要解决农业发展中存在的问题和矛盾，推动农业发展模式的转变，实现农业生产从粗放型向集约型的转变，进而实现农业产业的可持续发展。

3. 农业资源利用绿色化

农业资源是农业发展的重要基础，它的合理开发和利用在一定程度上影响着农业的可持续发展。在粗放型的农业生产模式中，存在着农业资源过度开发、利用率不高的问题，而农业的绿色发展就是要通过生产模式的转变，提高农业资源开发和利用的科学性与合理性（如提高水土资源的利用率，提高土地的产出率等），实现从“资源—产品—废弃物”的非循环流动方式向“资源—产品—废弃物—废弃物再利用”的循环流动方式的转变，进而实现农业节本增效和节约增收①。

4. 农业产业链绿色化

产业融合是乡村产业发展的一个趋势。随着乡村产业的融合，乡村农业的产业链也会随之不断延伸，这决定了乡村产业的绿色化不能仅仅停留在农业产业本身，还需要向其产业链衍生，实现农业产业链的绿色化。要实现这一点，就需要在产业融合的过程中充分运用现代技术，使技术嵌入农产品生产、加工、流通等各环节中，以此来提高全产业链的绿色化。

5. 农产品供给绿色化

随着人民生活水平的不断提高，人们对饮食的需求已经逐渐由“吃得饱”向“吃得好、吃得绿色、吃得健康”转变。农产品作为食品加工的原材料，其安全质量直接影响着加工食品的安全质量，因此，生产绿色、无公害的农产品，增加优质、安全的农产品供给，也是农业绿色发展中的一项重要内容。

6. 农产品消费绿色化

从某种意义上来说，消费也是农业发展的一个环节，其对农业的绿色发展也具有一定的影响。因此，引导农产品消费的绿色化非常必要。在引导农产品消费绿色化的过程中，政府发挥着主导性作用，他们可以通过强化有机食品认证、节能产品认证，以及环境标志认证的方式加以约束；同时，还可以积极组织与农产品绿色消费相关的公益活动，如“*N*-1 点餐”“光盘行动”等，以此来引导和鼓励公众进行农产品的绿色消费。

二、推进农业绿色发展的策略

推动农业绿色发展是实现乡村农业现代化的重要举措，也是实现乡村生态振兴的一个重要着力点。笔者立足实践，总结推出以下几条推进农业绿色发展的策略，如图 6-5 所示。

① 刘刚 . 农业绿色发展的制度逻辑与实践路径 [J]. 当代经济管理，2020，42（5）：35-40.

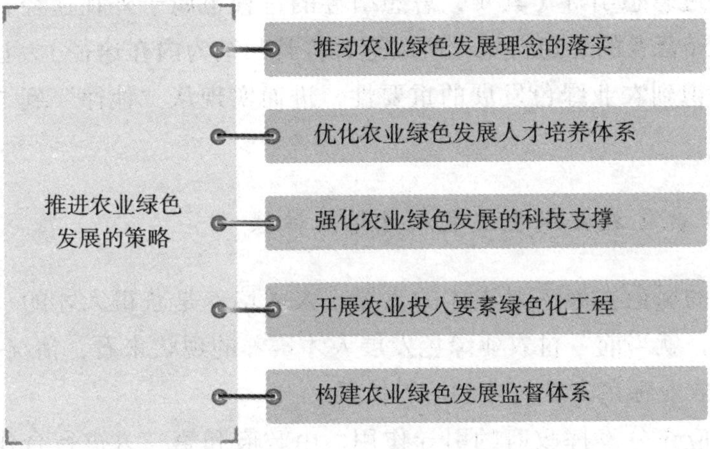

图 6-5　推进农业绿色发展的策略

（一）推动农业绿色发展理念的落实

理念是行动的先导，具有怎样的理念，便会产生怎样的行动。推动农业的绿色发展，首先需要改变人们的理念。农业绿色发展理念是中国共产党基于马克思主义生态思想提出来的，该理念的提出具有重要意义。①农业绿色发展理念满足了现代农业发展的内在需求，有助于解决农业现代化过程中出现的矛盾和问题；②农业绿色发展理念满足我国生态文明建设的需求，也满足乡村生态振兴的需求；③农业绿色发展理念对于保证农产品的质量安全具有一定的指导意义。

（1）将农业绿色发展理念贯穿于农业相关的各个环节中，统筹农业的生产、加工、运输和消费，同时使农业绿色发展理念能够覆盖农产品种植业、农产品加工业、养殖业、休闲农业、旅游农业等各个领域。

（2）通过对置途径强化农业生产经营者的绿色自觉。农业生产经营者作为推动农业绿色发展的决定性要素，只有具备农业绿色发展理念，才能使农业绿色发展这一规划更好地落地，不断强化农业生产经营者的绿色自觉。强化绿色自觉的途径有两条：一条是外在途径，另一条是内在途径。外在途径主要是通过法律去约束，该途径具有客观的强制性；内在的途径主要是通过思想引导（其实，思想引导的过程也属于外在途径，因为指向的是生产经营者的思想自觉，所以笔者将其归结为内在途径），让农业生产经营者认识到农业绿色发展的重要性，进而实现从“他律”到“自觉”的转变。

（二）优化农业绿色发展人才培养体系

农业的绿色发展需要人才的支撑，人才培养是获得人才的一个有效途径。然而，就当前乡村农业绿色发展人才培养的现状来看，情况并不理想，需要优化农业绿色发展人才的培养体系。

（1）应充分发挥政府的引导作用，由政府和第三方进行合作，共同制定培训计划，对村民进行广泛培训。在此基础上，针对重点人群进行更加专业的培训，做到普遍和特殊的协调统一。

（2）借助互联网创建学习平台。培训课程会受时间和空间的限制，而且培训课程的成本也比较高。网络课程不仅突破了时间和空间的限制，而且只需要录制一次便可以重复播放，大大降低了授课成本。当然，网络学习也有其缺点，如缺乏互动性等，应与线下培训有机结合相辅相成。

（3）加强对农业培训市场的监督，避免培训出现做样子、走形式的情况。培训的目的是培养更多能够支撑乡村农业绿色发展的人才，一定要加强相关方面的监督，并针对培训的结果予以考核，确保培训的效果。

（三）强化农业绿色发展的科技支撑

推动乡村农业绿色发展，必须加强科技方面的支撑。科技支撑的强化可以从公益性农业科技和社会性农业科技两个方面做出思考。

1. 强化公益性农业科技支撑

公益性农业科技服务机构具有公益性质，要强化其对乡村农业绿色发展的支撑，进一步提高其对乡村的服务能力。首先，要为公益性农业科技服务机构配备比较完善的基础设施，这是他们开展农业科技服务的基础；其次，要确保工作经费的充足；最后，做好人员编制的保障工作，解决工作人员的后顾之忧，让他们可以全身心地投入相关的服务工作之中。

2. 强化社会性农业科技支撑

社会性农业科技服务机构的力量相对有限，但必须强化社会性农业科技支撑。①扶持以农民科技服务合作社为主的社会农业科技服务组织的发展。农民科技服务合作社是保障农民权益的新型农业经营主体，与村民的关系非常紧密，通过提升农民科技服务合作社的科技服务能力，有助于一些农业科技快速且直接地应用到农业生产中，进而使农业科技服务机构的作用得到充分发挥。②建立一定地域范围的农业科技服务网络。在一定的地域范围内通常存在着多家农业科技服务组织，这些组织可能是同类型的（在不同方面可能具有不同的优势），也可能是不同类型的。无论属于哪种情况，必须将这些组织联合起来，形成一个覆盖该区域的农业科技服务网络，处于该网络中的组织可以发挥优势互补的作用，并实现数据共享，进而达到 $1+1+\cdots+1>n$ 的效果。

（四）开展农业投入要素绿色化工程

投入要素的绿色化有助于实现乡村农业的绿色发展。开展农业投入要素绿色化工程主要从农药、肥料和水的绿色化开始。

（1）农药的绿色化。在农业生产中，病虫害是一个很大的危害，无论是病虫害的预防，还是病虫害的治疗，都不可避免地使用农药。在农作物的病虫害防治中，最常用的农药是化学农药，其效果很好，但对环境也会造成一定的污染，因此，必须降低化学农药的使用频次，积极尝试物理防治和生物防治的方法。比如，针对小菜蛾这一虫害，可使用青虫菌、苏云金芽孢杆菌的稀释液（一般稀释 500 ～ 1 000 倍）等生物防治的方法。可以起到很好的防治效果。虽然生物防治技术还不是非常成熟，但其对环境的污染相对较小。生物防治是未来的一个发展方向。

（2）肥料的绿色化。在传统的农业生产模式中，最常用的是化肥，化肥具有肥效快、肥劲猛的特点，但也会对环境造成一定的污染，相比较化肥，有机肥料对环境的污染很小，而且有机肥料具有种类多、来源广、肥效长，有助于改善土壤结构等特点，因此，推广使用有机肥料是实现农业生产肥料绿色化的一个有效举措。

（3）水资源的绿色化。水资源的绿色化主要是指提高水资源的利用率，减少水资源的浪费。在传统的农业生产模式中，灌溉主要采取的是漫灌的方式，这种方式的均匀性较差，而且水资源浪费较多，所以需要采取更加绿色化的灌溉方式。比如，可以采取地下灌水法，该方法是将水管埋到地下约 10cm 处，水从水管中的小孔渗出进入土壤，实现对植物根部的直接灌水。这种方法的自动化程度较高，省时省力，节约水资源；缺点是成本较高，可以将其放到乡村农业未来发展的规划之中。

（五）构建农业绿色发展监督体系

农业绿色发展监督体系的作用是减少浪费资源和破坏环境情况的发生。农业绿色发展监督体系的构建可以从监督主体的角度出发，构建以下三种监督模式。

1.政府对农业生产的监督模式

在农业生产的各主体中，政府需要充分发挥其主体作用和主体优势，从农业长远发展的角度出发，加强对农业生产过程中其他主体的监督，确保农业生产的相关领域和各个环节都能够实现绿色化。为了充分发挥民众的监督权，政府需要创建监督举报平台，民众可以通过该平台举报农业生产中的污染问题，也可以举报政府工作懈怠等问题。

2.社会公众对农业生产的监督模式

社会公众对农业生产的监督模式是以社会公众作为监督的主体。在该模式中，行使监督权是每个公民的权利，任何组织和个人都不得妨碍。除此之外，不合格的农业产品会对社会公众的健康产生危害，落后的农业生产方式也会对空气、土壤、水质等产生危害，进而破坏社会公众的生活环境。由此可见，社会公众对农业生产进行监督也是维护其自身权益的一种体现。社会公众在对农业生产进行监督时，可通过提到的政府监督平台进行举报，也可以利用互联网将相关信息反映给权威媒体，然后由相关部门予以处理。

3.村民之间的相互监督模式

村民之间的相互监督模式是以村民作为监督的主体，这种模式的优点在于：①村民之间相互了解彼此的生产经营模式，能够比较清晰地辨别出哪些行为是对环境有危害的；②农业的生产经营具有季节性的特征，在生产经营某一类农产品时，村民之间的交流会增多，这也会让村民之间更加清晰地了解彼此的生产经营模式，进而了解彼此生产经营中存在的危害。此外，农业生产经营也具有地域性的特征，即在同一地域范围内同时有很多村民进行农业生产经营活动，当一个村民做出破坏生态环境的行为，其所产生的外负性会对其他村民的农业生产经营产生影响，所以村民之间的相互监督也是他们维护自身权益的一种体现。

第七章 乡村振兴的保障条件：组织振兴

第一节 乡村组织剖析

乡村组织是实现乡村振兴的一个重要的着力点，也是实现乡村振兴的一种重要的保障条件。本节将针对乡村组织进行系统的剖析，梳理出乡村组织振兴的具体策略。

一、村级党组织

（一）村级党组织的设置

根据《中国共产党农村基层组织工作条例》，以村为基本单元设置党组织，有正式党员3人以上的村，应当成立党支部；不足3人的，可以与邻近村联合成立党支部。党员人数超过50人的村，或者党员人数虽不足50人、确因工作需要的村，可以成立党的总支部。党员人数100人以上的村，根据工作需要，经县级地方党委批准，可以成立党的基层委员会，下设若干党支部；村党委受乡镇党委领导。村党的委员会、总支部委员会、支部委员会每届任期5年，由党员大会选举产生。

村党的支部委员会一般设委员3至5名，其中书记1名，必要时可以设副书记1名；正式党员不足7人的支部，不设支部委员会。村党的总支部委员会一般设委员5至7名，其中书记1名、副书记1名、纪检委员1名。村党的委员会一般设委员5至7名，最多不超过9名，其中书记1名、副书记1至2名、纪委书记1名。

（二）村级党组织的职责

关于村级党组织的职责，《中国共产党农村基层组织工作条例》中明确的规定如下。

（1）宣传和贯彻执行党的路线方针政策和党中央、上级党组织及本村党员大会（党员代表大会）的决议。

（2）讨论和决定本村经济建设、政治建设、文化建设、社会建设、生态文明建设和党的建设，以及乡村振兴中的重要问题并及时向乡镇党委报告。需由村民委员会提请村民会议、村民代表会议决定的事情或者集体经济组织决定的重要事项，经村党组织研究讨论后，由村民会议、村民代表会议或者集体经济组织依照法律和有关规定作出决定。

（3）领导和推进村级民主选举、民主决策、民主管理、民主监督，推进农村基层协商，支持和保障村民依法开展自治活动。领导村民委员会以及村务监督委员会、村集体经济组织、群团组织和其他经济组织、社会组织，加强指导和规范，支持和保证这些组织依照国家法律法规以及各自章程履行职责。

（4）加强村党组织自身建设，严格组织生活，对党员进行教育、管理、监督和服务。负责对要求入党的积极分子进行教育和培养，做好发展党员工作。维护和执行党的纪律。加强对村、组干部和经济组织、社会组织负责人的教育、管理和监督，培养村级后备力量。做好本村招才引智等工作。

（5）组织群众、宣传群众、凝聚群众、服务群众，经常了解群众的批评和意见，维护群众正当权力和利益，加强对群众的教育引导，做好群众思想政治工作。

（6）领导本村的社会治理，做好本村的社会主义精神文明建设、法治宣传教育、社会治安综合治理、生态环保、美丽村庄建设、民生保障、脱贫致富、民族宗教等工作。

二、村民委员会

（一）村民委员会的产生

村民委员会是乡村的自治性组织，最早产生于1980年前后。当时，人民公社解散，乡村公共事务管理上出现了真空，一些村民自发召开村民会议，选举产生了村民委员会，负责管理全村的公共事务。1982年底，“村民委员会”被正式载入《宪法》，自此，村民委员会作为乡村的自治性组织得到了国家的认可。1998年，为了保障乡村村民实现自治，发展乡村基层民主，国家颁布实施了《中华人民共和国村民委员会组织法》，用法律形式确定了村民委员会的地位。2010年10月28日，中华人民共和国第十一届全国人民代表大会常务委员会第十七次会议修订通过《中华人民共和国村民委员会组织法》，此次修订对相关内容做了修改和进一步的完善，使其更加适用于现阶段我国乡村发展的实际情况。

（二）村民委员会的选举

根据《中华人民共和国村民委员会组织法》，村民委员会主任、副主任和委员，由村民直接选举产生。任何组织或者个人不得指定、委派或者撤换村民委员会成员。村民委员会每届任期五年，届满应当及时举行换届选举。村民委员会成员可以连选连任。年满十八周岁的村民，不分民族、种族、性别、职业、家庭出身、宗教信仰、教育程度、财产状况、居住期限，都有选举权和被选举权；但是，依照法律被剥夺政治权利的人除外。

（三）村民委员会的角色定位

村民委员会作为乡村自治组织，要明确自身的角色定位，这样才有助于其职能的进一步发挥。具体而言，村民委员会的角色定位主要体现在以下三个方面。

1. 乡村经济发展的助推者

促进乡村经济发展是村民委员会的一项重要职责，《中华人民共和国村民委员会组织法》的第八条也明确指出，“村民委员会应当支持和组织村民依法发展各种形式的合作经济和其他经济，承担本村生产的服务和协调工作，促进农村生产建设和经济发展”“村民委员会应当尊重并支持集体经济组织依法独立进行经济活动的自主权，维护以家庭承包经营为基础、统分结合的双层经营体制，保障集体经济组织和村民、承包经营户、联户或者合伙的合法财产权和其他合法权益”。由此可见，村民委员会应在法律允许的范围内，积极推动乡村经济的发展，带动村民增收致富。

2. 村民的服务者

村民委员会的自治范围包括自我管理、自我教育和自我服务。由此可见，服务也是村民委员会的一项职责。村民委员会在治理乡村的过程中，也要将服务村民作为其工作的出发点和落脚点，不断拓展服务的渠道，提高服务的质量，从而满足村民的多样化的需求。

3. 党政组的协助者

村民委员会作为基层自治性组织，能够深入村民群众的第一线，能够第一时间发现乡村发展中存在的问题，并将一些比较严峻的问题反映给党组织，然后在党组织的协助下解决问题。关于这一点，《中华人民共和国村民委员会组织法》第二条也明确指出，村民委员会“向人民政府反映村民的意见、要求和提出建议”。由此可见，村民委员会还充当着党组织协助者的角色，其目标是协助党组织共同促进乡村的发展。

三、乡村经济组织

（一）乡村经济组织的分类

关于乡村经济组织，依据不同的分类标准，可将其分为不同的类别，如表 7-1 所示。

表7-1　乡村经济组织的分类

分类标准	类　别
交易方式	（1）政府主导型乡村经济组织 （2）市场主导型乡村经济组织 （3）企业主导型乡村经济组织

（续表）

分类标准	类　别
组织功能	（1）为村民服务的金融组织 （2）乡村社区组织 （3）农用生产资料购买组织
农业产业化组织经营模式	（1）市场带动型经济组织 （2）生产基地启动型经济组织 （3）龙头企业牵动型经济组织
组织主体及运行方式	（1）政府性经济组织 （2）农户自身形成的经济组织 （3）投资商投资形成的经济组织

需要注意的是，对乡村经济组织进行划分并不是要分出其优劣高下，而是要进一步从不同的角度去理解乡村经济组织，这有助于乡村经济组织功能的发挥，从而更加有效地促进乡村的发展。

（二）乡村经济组织的作用

乡村经济组织的类型很多，不同的乡村经济组织，其作用基本如下。

（1）促进乡村经济的发展。促进乡村经济发展是乡村经济组织的首要作用，无论哪种类型的经济组织，无论是直接作用于乡村经济的发展，还是间接作用于乡村经济的发展，其对于乡村经济发展的促进作用是毋庸置疑的。

（2）向广大村民传播信息和技术。乡村经济组织有助于乡村社会化服务体系的完善，并在服务村民的过程中引导村民知晓市场的需求，了解技术应用的价值和方法。

（3）提高乡村农业竞争力。乡村经济组织可以将乡村中的村民个体经营者组织起来，引导他们进行标准化和规模化的生产，并在此基础上统一品牌经营，这对于提高乡村农业的竞争力具有非常积极的促进作用。

四、乡村社会组织

（一）乡村社会组织的分类

乡村社会组织是一种服务乡村各项公共事务的社会组织，可将其分为两大类：一类是乡村社区社会组织；另一类是乡村社区以外的社会组织。

1.乡村社区社会组织

乡村社区社会组织通常以乡村社区为单位。根据其职能可将其划分为以下三种类型。

（1）权益维护类。一般指以维护村民基本权益为主要目的的乡村社会组织，如妇女协会、儿童协会等。

（2）公益服务类。一般指以开展社会公益活动为主要目的的乡村社会组织，如治安巡逻队、卫生服务队等。

（3）矛盾调解类。由于不同村民之间存在不同的利益诉求，所以难免会出现矛盾，此时便需要有人出面调解。除村民委员会之外，还有一些乡村社会组织专门针对村民之间的矛盾进行调解，如调解委员会。

2.乡村社区以外的社会组织

乡村社区以外的社会组织与乡村社区社会组织的目标是一致的，都是为了促进乡村的发展。不同的是，乡村社区以外的社会组织成员大多为居住在城市中的人，他们通过直接参与或间接参与的方式服务于乡村的发展。比如，一些致力于乡村发展的基金会，他们的成员并不参与对乡村的直接服务，而是通过资金募集的方式，为乡村发展提供资金支撑。

（二）乡村社会组织的特征

1.互助性

互助性是乡村社会组织的一个显著特征，该特征可以从两个层面进行分析。①从组织的层面来看，不同的社会组织之间，其职能、资源都存在一定的互补性，不同组织之间通过相互帮助，可以提高其运行的效率；②从组织成员的层面去看，乡村属于熟人社会或半熟人社会，这一特点决定了组织成员之间很容易产生熟人关系，进而使乡村社会组织的互助性变得更加明显。

2. 城乡交融性

乡村社会组织的城乡交融性也可以从组织和成员两个层面进行分析。①从组织的层面来看，乡村社会组织既包括乡村社区社会组织，也包括乡村社区之外的社会组织，而在组织活动的过程中，乡村社区社会组织和乡村社区之外的社会组织很可能会产生交集，进而使得乡村社会组织具有了城乡交融性；②从组织成员的层面去看，乡村社会组织的成员也存在城乡交融的现象，进一步增强了乡村社会组织的城乡交融性。

3. 民间性

乡村社会组织大多是民间人士自发组织成立的，所以具有很强的民间性特征。乡村社会组织的这一特征使得它们更容易取得村民的信任，进而可以更加深入地了解村民的需求。此外，民间性的特征也使得广大的村民可以更便捷地加入乡村社会组织，进而借助乡村社会组织发挥自己的作用和价值。

第二节 乡村组织与乡村治理

一、乡村治理简述

（一）乡村治理的概念

关于乡村治理的概念，不同的学者从不同的角度针对乡村治理的概念进行了不同的论述。

党国英认为，乡村治理是指以乡村政府为基础的国家机构和乡村其他权威机构给乡村社会提供公共品的活动[①]。

卢福营认为，乡村治理主要是指人们通过对公共权力的配置和运作对乡村社会实施组织、管理和调控的过程。在不同的历史时期，由于政治环

① 党国英. 我国乡村治理改革回顾与展望[J]. 社会科学战线，2008（12）：1-17.

境、文化环境、经济环境存在差异，乡村的治理机制也会存在差异，从而导致乡村治理呈现出较为鲜明的时代特征①。

贺雪峰认为，乡村治理是指如何对中国的乡村进行管理，或中国乡村如何自主管理，从而实现乡村社会的有序发展②。在贺雪峰看来，乡村治理这个词有两个偏向性的所指，一是强调地方自主性；二是强调解决农村社会发展问题的能力。

综合上述学者对乡村治理的界定，乡村治理是指国家权力主体和乡村社会自治主体，在一定的制度架构下，依据国家法律和村规民约对乡村社会的公共事务进行管理的活动。

（二）乡村治理目标

乡村治理的目标可从政治目标、根本目标和价值目标三个角度进行分析。

1. 乡村治理的政治目标

乡村治理的政治目标是维护乡村社会的和谐与稳定。和谐发展是乡村发展的内在诉求，包括人与人的和谐、人与社会的和谐、人与自然的和谐。其中，人与人的和谐是基础，人与社会的和谐是关键，人与自然的和谐是终极目标。而在追求和谐的同时，也需要重视乡村社会的稳定，因为只有乡村社会稳定，才能进一步推动乡村的和谐发展。

2. 乡村治理的根本目标

乡村治理的根本目标就是改善乡村整体环境，提高广大村民的生活质量。乡村治理虽然强调一个“治”字，但治理仅仅是手段，是途径，而非最终的目标。在乡村治理的过程中，无论采取怎样的方法，其根本目标就是为了改善乡村的整体环境，促进乡村的发展，进而提高广大村民的生活质量。

3. 乡村治理的价值目标

乡村治理的主体主要包括两个：一个是国家权力主体；另一个是乡村社会自治主体。为了更好地发挥乡村治理主体的权力，国家出台了一些法

---

① 卢福营. 当代浙江乡村治理研究 [M]. 北京：科学出版社，2009：23.

② 贺雪峰. 乡村治理研究与村庄治理研究 [J]. 地方财政研究，2007（3）：46.

律法规用于确立和保障乡村治理主体的权力，但这并不意味着乡村治理主体是广大村民的管理者。就其本质而言，他们是广大村民的服务者，其权力的赋予最终指向的还是服务广大村民群众，并使村民的权利得到保障，这也是乡村治理的重要价值体现。因此，服务广大村民，并保障村民权利是乡村治理的价值目标。

（三）乡村治理的原则

原则是乡村治理的一条基础导线，确定科学的治理原则，有助于提高乡村治理的成效。具体而言，乡村治理至少要遵守以下四项原则。

1.法治性原则

法治性原则是指乡村治理要以国家法律法规为依据，任何组织和个人都不能践踏法律，做出有违法律的事情。从某种程度上来说，依法治乡，是乡村现代化文明的一个重要标志。然而，广大村民群众的法治意识还相对比较薄弱，这是制约依法治乡的一个重要因素，所以需要加强对广大村民法律意识的培育。

2.民主性原则

所谓民主性原则，是指乡村治理要走群众路线，要以民主集中制为准则。乡村治理的根本目标是促进村民生活质量的提高，其落脚点是村民，所以要充分考虑村民的需求，广泛听取村民的意见，这就需要治理者要坚定不移地坚持民主性的原则，始终将村民放在第一位。此外，村民作为乡村治理中的主体之一，要使其作用得到充分发挥，便需要遵守民主性的原则，保障广大村民参与乡村治理的权利，提高村民参与乡村治理的效率。

3.服务性原则

服务广大村民是乡村治理的一个价值目标，乡村治理的一个特征就是“服务”，而服务的对象便是广大的村民。因此，在乡村治理中，治理者要对其角色定位形成深入的认识，即他们是广大村民群众的服务者，并始终遵循服务性的原则，将服务村民作为其工作的出发点和落脚点，最终使村民成为乡村治理的受益者。

4.多元性原则

多元性原则包含两方面内容：一方面是治理主体的多元，另一方面是治理方式的多元。就治理主体来说，既要发挥国家权力主体的作用，也要发挥乡村社会自治主体的作用，尤其要发挥不同乡村社会自治主体的作用，使不同的治理主体形成合力，从而取得 $1+1+\cdots 1+1 > n$ 的效果；就治理方式而言，单一的治理方式很难应对乡村治理中遇到的各种问题，这就需要治理者能够灵活运用多种治理方式，针对不同的问题采取不同的治理方式，进而提高乡村的治理效率。

二、乡村组织在乡村治理中的作用

乡村组织作为乡村治理的主体，在乡村治理中发挥着重要的作用。

（一）乡村组织的管理作用

乡村组织的管理作用主要体现在对人和物的管理上，目的在于维护乡村社会的稳定，促进乡村的发展。

（1）在对人的管理上，一方面是引导人们遵纪守法和遵守村规民约，另一方面是协调村民之间的矛盾。法律是维护国家稳定、促进各项事业蓬勃发展的最强有力的武器，也是捍卫人民群众权利和利益的工具，每个公民都需要懂法、守法、用法。村规民约则是广大村民自发建立起的用于约束村民行为的一种规章制度，每一位生活在村内的村民都需要遵守村规民约。对于违反村规民约的村民，社会组织有权对其进行一定的处罚（以法律为准则）。此外，村民之间难免会发生纠纷，当纠纷不能通过他人劝解的方式和解时，便需要乡村组织予以协调、化解纠纷，必要时可以采取法律的手段，合理合法地解决矛盾纠纷。

（2）在对乡村公共设施的管理上，如乡村文化教育设施、乡村体育设施、乡村医疗设施等，这些公共设施直接或间接地影响着村民的生活，只有管理好这些公共设施，才能更好地为广大村民提供相应的服务。

（二）乡村组织的服务作用

乡村组织作为乡村治理的主体，自然要以服务村民为其工作的出发点和落脚点，充分发挥其服务村民的重要作用。比如，当村民的利益受到不法侵犯时，基层党组织需要予以高度的重视，然后指派相关的基层部门进行调查。如果调查结果属实，则需要依据法律标准对相关人员进行处理，切实维护村民的合法权益。

第三节　乡村组织振兴的路径

乡村组织是乡村治理的重要力量，也是实现乡村振兴的重要支撑。实现乡村组织振兴的路径如图 7-1 所示。

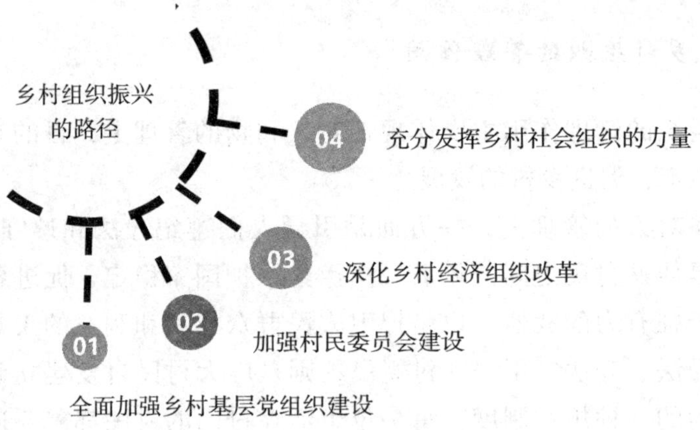

图 7-1　乡村组织振兴的路径

一、全面加强乡村基层党组织建设

乡村基层党组织是乡村组织的核心，所以要全面加强乡村基层党组织的建设，充分发挥乡村基层党组织的带动引领作用、桥梁枢纽作用和服务作用。

（一）发挥乡村基层党组织的带动引领作用

乡村基层党组织的带动引领作用主要体现在三个方面：政治引领、思想引领和产业引领。在政治引领上，乡村基层党组织负责将政治信息（包括惠农政策）传递给广大村民，让党中央的顶层设计思想家喻户晓，从而形成上下一条心的局面。在思想引领上，乡村基层党组织不仅要加强对村民的思想教育，做好村民的思想引领工作，还要随时了解掌握村民的思想意识，及时发现问题，及时予以引导与解决。在产业引领上，乡村基层党组织要立足乡村产业发展的实际情况，以党中央制定的乡村产业发展政策为宏观指导，制定具体的乡村产业发展政策，带动乡村产业的发展，带领村民致富。

（二）发挥乡村基层党组织的桥梁枢纽作用

乡村基层党组织是连接党和村民群众的桥梁，党的政策需要乡村基层党组织传递给广大村民，广大村民的意见和想法也需要乡村基层党组织传递给党。从某种程度上来说，乡村基层党组织的“桥梁作用”将直接影响党的政策实施效果，以及村民对党的认同感。虽然乡村基层党组织处在党组织的“神经末梢”，但乡村基层党组织是最接近村民的，并且与村民的互动也是最频繁的。乡村基层党组织的工作成员，务必要深刻认识肩负的责任，充分发挥自身应有的桥梁纽带作用，将广大村民紧密地与党组织连接在一起，齐心协力共同奋斗，创造更加美好的明天。

（三）发挥乡村基层党组织的服务作用

作为深入乡村一线的党组织，除了要发挥带动引领和桥梁枢纽的作用，还需要充分发挥其服务村民群众的作用，切实将村民群众的冷暖放在心上，以村民群众的需求作为工作的出发点和落脚点。对于党组织而言，“为人民服务”是根本宗旨，也是其开展一系列工作的核心，乡村基层党组织要紧紧抓住“服务”这一核心，在用人上把好能力关、品德关、廉洁关，将党组织信任、村民认可的党员干部用在一线，使“为人民服务”得到真正的落实。与此同时，作为乡村基层党组织的一员，还要以《中国共产党党和国家机关基层组织工作条例》为依据，不断端正自身服务态度，提升自身服务能力，增加整个乡村基层党组织的服务实效，有效地带动广大村民增收致富。

二、加强村民委员会建设

村民委员会作为乡村的自治性组织，在促进乡村发展中发挥着无可替代的作用，村民委员会是推动乡村振兴的重要力量。因此，加强村民委员会的建设至关重要，也是实现乡村组织振兴的一条有效路径。

（一）明确村民委员会建设的指导思想和目标

建设村民委员会时，首先要明确指导思想，确保村民委员会的建设始终朝着正确的方向前进。

（1）通过民主选举的方式，建立一个村民拥护且为村民做实事的领导班子，同时建立明确的干部任期目标责任制。

（2）在村民委员会的领导下，建立工作委员会和村民小组，明确工作职责、完善工作制度，切实发挥其作用。

（3）建立完善的村民代表会议制度，真正做到村内重大事务由村民做主。

（二）加强村民委员会人才队伍建设

村民委员会人才队伍建设可以从优化队伍结构和建立分级培训制度两方面着手。

1.优化队伍结构

村民委员会队伍结构的优化可以从以下三方面做出尝试。

（1）在选举村民委员会成员时，可以优先推举一些优秀人才，这些人才可以起到很好的带头作用。

（2）鼓励大学生参选。大学生具备较强的专业知识，在思想上也开明开放，他们的加入可以进一步优化村民委员会的成员结构。

（3）实行“选＋聘”制度，选聘一些优秀人才，如退伍军人、退休人员、大中专毕业生等优秀人士到村民委员会的下属委员会工作。注意解决好工资、福利相关问题。

2. 建立分级培训制度

在建立村民委员会的同时，还需要注重对其成员的培训，不断提高成员的工作能力。所谓分级培训制度，就是建立“县—乡镇—各部门”分级培训制度。首先，县委负责村委员会主任的培训工作，将村委员会主任培训列入干部培训计划中，每年至少培训一次；其次，乡镇负责村委员会副主任和委员的培训工作（村委员会主任也可以参与），培训方式应多样，如现场观摩、脱产培训、以会代训、相互交流等方式交替进行；最后，民政、财政、农业、公安、人力资源社会保障、妇联、共青团部门或单位充分发挥其自身优势，对村委员会成员进行相关培训。通过分级培训制度，可以提高村民委员会成员的工作能力，进而使村民委员会的作用得到更加充分的发挥。

（三）完善村民自治的各项制度

完善村民自治的各项制度，是村民委员会建设规范化、制度化的重要举措，也是实现村民当家做主的重要保证。村民自治各项制度的完善可以从以下三个方面着手。

（1）完善民主选举制度。确保选举公正、公平、公开，对违法、违规、违纪行为加大查处力度。

（2）完善民主决策机制。通过村民代表会议、村民会议等形式，完善会议程序，当遇到涉及村民切身利益的事务时，应举行村民代表会议或村民会议，确保村民的权益得到保障。

（3）完善民主监督制度。村民有权对村民委员会的工作进行监督，而为了更好地保障村民的监督权，应完善民主监督制度，如建立群众评议制度、过错责任追究制度等，以此进一步规范村民委员会相关工作的实施。

三、深化乡村经济组织改革

深化乡村经济组织改革可以从以下三点做起。

（一）强化对乡村集体经济组织发展的统筹规划

乡村集体经济组织改革是一件涉及诸多内容的改革，必须站在全县的视域下，对其进行统筹规划。比如，可以成立由县委书记、县长任双组长的乡村集体经济组织改革领导小组，并选派数位县委常委担任领导各乡镇的小组长，负责对各乡镇的集体经济组织进行规划，然后监督各村予以落实。形成县级统筹、乡镇规划、村组落实的三级联动格局，可以有效提高改革的成效。

（二）丰富乡村集体经济的形式

目前，普遍适用于各乡村的集体经济形式主要有三种，这三种形式也是乡村丰富其集体经济形式的选择方向。

第一种，统分结合的乡村集体经济。所谓统分结合，就是将集体统一经营和家庭分散经营有机结合起来，适宜统一经营的时候便统一经营，适宜分散经营的时候便分散经营，这种双层经营体制具有较大的灵活性。

第二种，乡村股份合作制经营。乡村股份合作制经营有助于激活乡村的资源要素，促进乡村集体经济的壮大，对于带动村民增收致富具有非常积极的作用。

第三种，乡村专业合作经济。乡村专业合作经济是以某一产业或某一产品为纽带，实现技术、资金、生产、加工、购销等互助的一种集体经济组织形式。该形式具有专业性强、财产所有权关系清晰、限制性较小的优点，种植业、林业、畜牧业、水产业等行业都可以采取该形式。

（三）加强对乡村集体经济组织的规范

乡村集体经济组织的改革与发展不能是无序的，这样不仅无助于乡村集体经济组织的发展，也无助于乡村的发展。2020 年 11 月 4 日，农业农村部关于印发了《农村集体经济组织示范章程（试行）》，其目的就是要巩固和完善以家庭承包经营为基础、统分结合的双层经营体制，促进集体经济发展，规范集体资产管理，维护本社和全体成员的合法权益。各地应参照示范章程，结合当地发展实际，制定或完善更具针对性的章程。

四、充分发挥乡村社会组织的力量

要使乡村社会组织的力量得到充分发挥，必须做好以下所述工作。

（一）明确乡村社会组织参与乡村建设的原则

1. 自愿性原则

为了使更多的乡村社会组织参与乡村建设，相关部门可加强对乡村社会组织的动员工作，鼓励其为乡村建设贡献自己的一份力量。当然，要充分尊重乡村社会组织的意愿，秉承自愿原则，不下指标，不强迫命令，不搞摊派。

2. 形式多样原则

在参与乡村建设时，乡村社会组织应秉承形式多样的原则，积极探索不同的参与形式，充分发挥其组织优势，从而提高其服务乡村的整体效益。

3. 有序推进、注重实效原则

在组织相关工作时，乡村社会组织应制定好工作计划，并依据工作计划有序推进，同时秉承注重实效的原则，不忽视任何一个环节，不轻视任何一个问题，从而使相关工作的效能最大化。

4. 互利互惠、合作共赢原则

互助性是乡村社会组织的一个重要特征。乡村社会组织在开展工作时，往往会涉及其他乡村组织，如基层党组织、村民委员会和乡村经济组织，此时，应秉承互利互惠、合作共赢的原则，做到资源共享、优势互补、利益共增。

（二）处理好乡村社会组织发展中的几种关系

随着乡村振兴战略的实施，乡村社会组织的发展环境得到了改善，但整体而言，仍旧面临着组织规模较小、人力财力物力较为缺乏等问题，为进一步促进乡村组织的发展，使其满足乡村振兴发展的需求，需要处理好以下三方面的关系。

（1）处理好基层党组织和乡村社会组织的关系。基层党组织是乡村组织的核心，乡村社会组织应以基层党组织为领导，经常请示汇报，确保乡村社会组织前进方向正确。基层党组织也要给予乡村社会组织一定的自主权，有助于乡村社会组织能效的充分发挥。

（2）处理好乡村社会组织和村民群众的关系。乡村振兴必须坚持村民的主体地位，同时要充分调动广大村民的积极性、创造性和主动性。由此可见，乡村社会组织不能取代村民的主体地位，而是要引导村民积极参与乡村振兴的各项任务，甚至替广大村民向上反映情况，更好地发挥为村民服务的作用。

（3）处理好乡村社会组织“增量”与“增能”之间的关系。随着乡村的进一步发展，乡村社会组织的数量会进一步地增长，因此，在发展乡村社会组织数量的同时，还需要注重乡村社会组织公共服务能力，以及参与乡村治理能力的培养，实现乡村社会组织“增量”与“增能”的平衡。

第八章　乡村振兴的未来发展趋势

第一节　未来“农业 +”蓬勃发展

随着乡村产业融合的进一步深入，乡村将出现更多的新产业、新业态和新模式，这将极大地拓展乡村农业的发展空间，进而为乡村的发展注入新的活力。随着乡村农业发展空间的不断拓展，“农业 +”将蓬勃发展。

一、“农业 +”的概念及其发展方向

（一）“农业 +”的概念

“农业 +”是指以农业为基础，在乡村产业融合的大趋势下，将其他产业的功能附加到农业产业上来，以此实现对乡村农业产业发展空间的拓展。当前，“农业 +”还处在发展阶段，所涉及的领域还不广泛，但已经显现出了一定的效果。随着乡村产业的进一步融合，农业后面可以“+”的产业领域将会越来越广泛，“农业 +”将会蓬勃发展。

（二）“农业 +”的发展方向

就当前乡村产业融合的现状来看，农业产业发展的空间已经渗透到旅

游产业、文化产业、工业、教育产业、养生养老产业等，未来，还会向信息产业、商业、房地产产业等进一步渗透，从而进一步拓展农业产业的发展空间。在上面提及的诸多产业中，旅游产业和农业的融合发展相对比较成熟，其他产业和农业的融合还处在初级阶段，有待实现进一步的发展。综合各产业特点及其和农业的融合点来看，“农业 +”的发展方向大致有以下几种。

（1）农业 + 旅游产业：观光农业、餐饮农业、乡村旅游、休闲农业。

（2）农业 + 文化产业：田园艺术、创意农业。

（3）农业 + 工业：设施农业、加工业。

（4）农业 + 教育产业：教育农园、教育体验、劳动教育。

（5）农业 + 养生养老产业：养生农业、功能农业、康养农业。

（6）农业 + 信息产业：智慧农业、植物工厂、电商农业。

（7）农业 + 商业：农业直供、中央厨房。

（8）农业 + 房地产产业：特色小镇、产业园区。

二、“农业 +”的新特征

和传统的农业模式相比，基于农业发展起来的“农业 +”凸显出了更多的优势，也具备了诸多新的特征。具体而言，其新特征主要体现在四个“新”上（见图 8-1）。

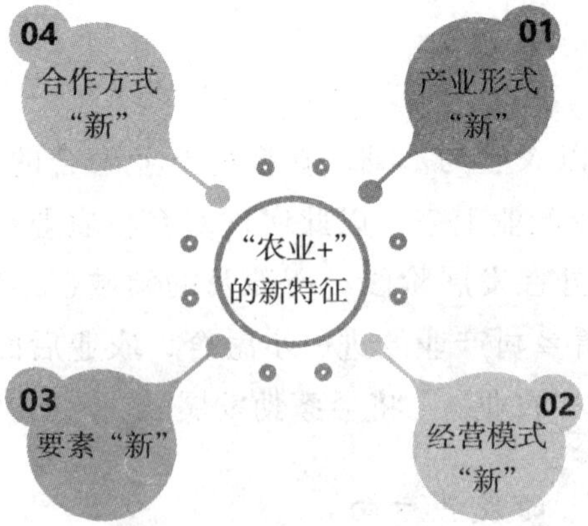

图 8-1 “农业 +”的四个新特征

（一）产业形式“新”

“农业 +”的产业形式“新”主要体现在两个方面：一是产业形态上；二是城乡产业关系上。

（1）从产业形态上看，“农业 +”以农业为基础，农业相关的内容是不可或缺的。比如，在“农业 + 旅游产业”这一模式中，乡村田园、农家院等是基础要素，缺少了这些要素，旅游产业的功能便没有了附着的地方。在农业的基础上，农业后面“+”的内容，如旅游、文化、教育等，使得农业的发展空间得到了极大的拓展，产业形式变得更加丰富。

（2）从城乡产业关系上看，“农业 +”后面“+”的很多产业在城市中有广泛的分布，甚至很多产业在以前只能在城市发展。随着城乡统筹规划的实施，乡村产业融合的逐步深入，很多只能在城市发展的产业也逐渐向乡村渗透，使得城乡之间的产业关系变得更加紧密，产业形式更加丰富多样。

（二）经营模式“新”

“农业 +”的经营模式“新”，既体现在农产品的交易上，又体现在经营的范围上。

（1）就农产品的交易而言，在传统的农业经营模式中，通常是村民种植农产品，然后由商家进行收购。这种经营模式中，村民的信息比较闭塞，而且收购的商家通常是中间商，导致村民的利润空间被一定程度地压缩。随着“农业 +”的发展，农产品的经营模式发生了变化。比如，电子商务的功能被附加到农业上，形成了“农业 + 电商”的模式，而在这种模式中，形成了多种依托于电子商务的经营模式，如“传统农业 + 电子商务综合服务商 + 网商”的经营模式。这种经营模式拓展了村民经营农产品的渠道，而且可以实现直接和农产品收购终端商家的对接，提升了村民的利润空间。

（2）就经营的范围来看，“农业 +”使得农业的经营范围拓展了广阔的领域，如旅游产业、文化产业、教育产业等。经营范围的拓展使得农业经营模式也随之发生了变化，如，在休闲农业中，农业经营的目的不是为了营销农产品，而是借助农产品为游客提供相应的休闲服务，满足游客休闲的需求。

（三）要素“新”

在“农业+”中，由于农业发展空间的极大拓展，其要素随之也发生了变化。综合各要素的变化来看，要素的“新”在人才和技术上体现得较为明显。

（1）在人才要素上，农业与其他产业的融合使得其对人才种类的需求大大增加，包括策划类人才、设计类人才、管理类人才、培训类人才等等。由此可见，人才要素的“新”主要体现在人才种类的丰富上。

（2）在技术要素上，产业的融合催生了一些新的技术，这些新技术的运用大大提高了农业生产经营效率。除此之外，技术要素的“新”还体现在一些绿色技术的运用上，这些技术的运用主要是为了满足农业绿色发展的需求。

（四）合作方式“新”

在传统的农业生产经营模式中，合作方式主要涉及村民和企业两方。随着乡村产业融合的深化，“农业+”涉及的产业领域越来越广，合作方式也随之发生了变化。以北京延庆区的“山楂小院”民宿项目为例，在该项目中，村民投资30万元，用于改造自家院落，改造完成之后委托远方网运营，获得的收入按照业主40%、企业25%、管家30%、村集体5%的方式进行分配。这种新的合作模式充分体现了“专业的事情交给专业的人做”的原则，极大提高了经营效益，提高了村民收入。

第二节　田园综合体

一、田园综合体的提出、概念与特征

（一）田园综合体的提出及其概念

田园综合体的概念最早是在张诚的论文《田园综合体模式研究》中出

现的。提出这一模式后，张诚在社会各界力量的支持下，在“中国的水蜜桃之乡”阳山镇开始了实践，实践项目为“无锡田园东方”。在该项目实施的第四年，中央农办领导考察指导该项目，并对该模式给予高度认可。2017 年，田园综合体这一概念被正式写入中央一号文件，自此，田园综合体这一概念开始被人们广泛地接受。

何为田园综合体？在综合分析“无锡田园东方”这一实践项目，以及 2017 年中央一号文件对田园综合体这一概念的解读之后，可以对其进行如下界定：田园综合体是在原有美丽乡村、生态农业、休闲农业等概念上的延伸，是指在新的时代背景下、新的乡村发展阶段提出的适应乡村振兴发展的新模式、新业态。

（二）田园综合体的特征

田园综合体作为乡村振兴进程中出现的一种新模式、新业态，表现出了以下三点特征。

1. 园区化开发

田园综合体和传统田园的一个区别就是综合性不同，所以在打造田园综合体时，要将其作为一个综合性的农业园区去打造，既要有完善的水利电力设施，也要有便利的内外交通条件，同时还要综合考虑园区内景观的打造、产业的运作、项目的运营等，这样才能同时满足多方人群的需要，包括原住村民、投资人群、游客等。这种需要综合考虑的开发方式赋予了田园综合体园区化开发的特征。

2. 多功能复合

从某种意义上来说，田园综合体是乡村第一、二、三产业融合的结果。和传统农业单一以农产品生产相比，田园综合体的功能更加多元，不仅具备农产品产生的功能，还具有观光、休闲、居住、消费等多种功能，实现了功能的复合。

3. 开发主体多元化

田园综合体的开发是一项复杂的工程，涉及的内容很多，所以通常需要多元主体的参与，形成多方共建的模式。通常情况下，田园综合体的开发是以合作社或者企业为主体，然后政府予以支持。由于田园综合体的建设是在乡村，所以也需要与村民进行合作，使村民积极参与田园综合体的开发与建设，这样不仅有助于推动田园综合体的建设，还可以使村民从中享受到一定的红利，进而形成多方共赢的局面。

二、田园综合体的意义

田园综合体是伴随农村现代化、农业现代化、休闲旅游的发展而形成的，是农村经济发展到一定阶段的产物，它对于推进乡村农业供给侧结构性改革、加速城乡一体化、传承乡村文明等都具有非常重要的意义。

（一）有助于推进乡村农业供给侧结构性改革

田园综合体集创意农业、休闲农业、循环农业、旅游农业等为一体，对于拓展乡村产业的发展空间，延长农业的产业链条，以及促进乡村产业的融合发展都具有非常积极的作用。这一系列的改变都有助于推动乡村产业的升级和优化，进而推进乡村农业的供给侧结构性改革，破解“三农”中的核心问题和主要矛盾。

（二）有助于加速城乡一体化的步伐

2015 年中央城市工作会议指出，“我国城镇化必须同农业现代化同步发展，城市工作必须同‘三农’工作一起推动，形成城乡发展一体化的新格局”。2017 年提出的乡村振兴战略指出，要“重塑城乡关系，走城乡融合发展之路”。2022 年，为了进一步推动城乡一体化的步伐，国家从教育的角度着手，下达了义务教育相关转移支付资金 2 125 亿元（不含教师工资），并指出要“加大省级统筹力度，重点向农村地区倾斜，向边远地区、脱贫地区、民族地区、革命老区倾斜”。当前，我们正迈步在城乡一体化发展的道路上，要进一步推进城乡的一体化发展，就需要找到新的着力点。显然，田园综合体便是一个新的着力点。因为田园综合体不仅可以促进乡村经济的发展，在一定程度上弥合城乡之间的经济差距，还可以带动城乡之间的互动，城乡之间的互动又可以弥合城乡之间文化上的差异，在一定程度上推进了城乡的一体化发展。

（三）有助于促进乡村文明文明的保护与传承

保护和传承乡村文明是乡村振兴的一个目标，这也是实现乡村文化振兴的一个有效途径，其实，乡村文明本身就是乡村的一个重要资源，有些田园综合体的建设便是围绕乡村文明展开的，而基于乡村文明建设的田园综合体，可以让当地的村民更加深入地认识到乡村文明的价值，有助于驱动村民自发地去保护和传承乡村文明。

三、田园综合体的组成

田园综合体是一个涵盖诸多内容的实体园区，它的组成可以概括为四个部分，如图 8-2 所示。

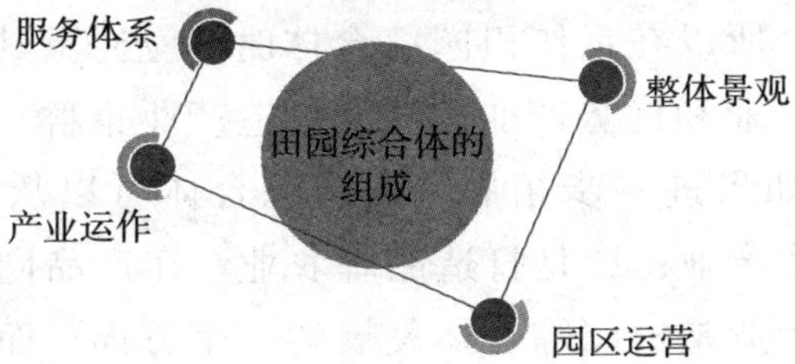

图 8-2　田园综合体的组成

（一）整体景观

景观是田园综合体的物质载体，这也是吸引游客的一个核心要素。田园综合体的景观可分为三个层面：休闲娱乐景观、农业生产景观和社区配套景观，这三个景观分别在不同的层面发挥着不同的作用。当然，上述三个层面的景观虽然处于不同的层面，发挥着不同的作用，但彼此之间是相互联系的，它们构成了田园综合体的整体景观，所以在规划景观时，必须进行统筹规划。

（二）园区运营

田园综合体的运营不同于传统的农业运营，它可以成都多利桃花源项目的运营模式，借鉴出海。成都多利桃花源充分发挥了多利丰富的有机蔬菜种植经验，同时借助了以科技农业、有机农业为核心的现代农业大系统的优势，实现了文旅消费的升级。在运营上，成都多利桃花源具有五大特点：①以农地经营权出租人身份获取的土地流转收益；②以合作社股东身份获取的合作社利润分红；③以产业工人身份获得的劳动报酬；④出租安置新区房子，以房东身份获得的租金收益；⑤以农业创客身份获得的创业收益。上述运营模式不仅使企业的运营更加灵活，也增加了当地村民的收入。

（三）产业运作

当地的文化或农业特色是田园综合体的一个优势所在，也是吸引游客的一个重要元素，所以在运作田园综合体时，应注重其特色的体现，并围绕此打造主导产业和优势产业，甚至打造产业集群，进而有效促进当地经济的发展。如果进一步拓展，田园综合体可以从两个方面进行运作：一是发展创意产业；二是打造品牌农业。在产品同质化问题逐渐显现的今天，创意产业是田园综合体发展的一个方向，而凸显当地的特色文化是实现创意设计的一个有效途径。打造品牌农业的目的是提升知名度，扩大辐射范围。在大众品牌意识越来越强的今天，品牌附带的价值越来越高，所以对于田园综合体来说，打造品牌农业具有非常重要的意义。

（四）服务体系

田园综合体属于综合性的产业，具有服务性质，这决定了田园综合体的组成部分中不可缺少服务体系。田园综合体的服务体系包含四项内容：生产服务体系、运营服务体系、物流服务体系和网络服务体系。这四项内容也是相互独立但彼此联系的，缺少了任何一项内容，都会对其他内容以及整个体系产生影响，所以在建设服务体系时，要进行综合性的考虑。

四、田园综合体的开发模式

田园综合体的开发模式有以下三种。

（一）片区开发模式

片区开发模式是一种集中连片开发各种农业休闲观光项目的模式。因为是连片开发，所以需要政府投入资金，用于该片区的基础设施建设。片区开发模式以乡村优美的村野风景、环保生态的绿色空间以及独具特色的乡村文化为依托，兴建一些娱乐、观光、休闲设施，为游客提供娱乐、休憩、度假等各种服务。片区开发模式是最为常见的一种田园综合体开发模式，如休闲农庄、休闲度假村等。

（二）民俗风情开发模式

民俗风情开发模式是以民俗风情为主要开发资源并借此吸引游客的一种开发模式。在该模式中，开发者需要充分凸显当地民俗文化的特色，并将节庆活动、民间技艺、民间歌舞等内容充分融合到旅游项目中，以此来体现旅游项目的特色及其文化内涵。民俗文化型和民族文化型是民俗风情开发模式中较为常见的两种类型。

（三）村落乡镇开发模式

村落乡镇开发模式是以乡村宅院建筑为主要开发资源并借此吸引游客的一种开发模式。常见的用于田园综合体开发的乡村宅院建筑有两种：一种是民族村寨建筑，另一种是古村镇建筑。民族村寨建筑具有极强的民族特色，对游客具有极强的吸引力，如红河哈尼族民俗村、云南瑞丽傣族自然村便属于该种开发类型。古村镇建筑则是凭借其深厚的历史文化吸引着游客，如安徽徽州镇、山西平遥便属于该种开发类型。

未来，随着乡村的进一步发展，田园综合体的进一步成熟，将会涌现出越来越多的开发模式，为促进乡村振兴发挥更大的作用。

第三节　安居乐业的美丽家园

乡村是村民聚居的家园，乡村振兴的目标就是要使乡村繁荣兴旺，使乡村成为安居乐业的美丽家园。关于什么才是安居乐业的美丽乡村，笔者基于乡村振兴战略的二十字总体要求，做了“一统一”“三和谐”和“四美”的总结。

“一统一”，是指乡村的生产、生活、生态实现有机统一。生产、生活、生态是乡村的三个要素，这三个要素之间有着非常紧密的联系，任何一个要素的变动都可能影响其他要素。在乡村建设的过程中，不能为了实现其中一个要素的发展，就忽视甚至影响了其他要素，必须生产、生活、生态三位一体推进，既注重乡村产业的发展，也注重广大村民生活幸福感的提升，更注重对乡村生态环境的保护，这样建设起来的乡村才是安居乐业的美丽家园。

“三和谐”，指人与人和谐、人与社会和谐、人与自然和谐。首先，就人与人和谐来说，人具有社会属性，这决定了人在生活中会与其他人产生交集，而和谐则是交集的主旋律。乡村是一个熟人社会（或半熟人社会），人与人之间的交集很多，这就要求村民之间和谐相处。只有这样乡村的生活才会稳定，村民的幸福感才会更高。其次，就人与社会和谐来说，人与社会有着非常紧密的联系，前者是后者的核心要素，没有了前者，后者便无从谈起；而没有了后者，前者便失去了依附。因此，人与社会之间必然寻求和谐统一，只有这样，才有助于和谐社会的构建，有助于乡村“生活美”的实现。最后，就人与自然和谐来说，人与自然是生命共同体，二者只有和谐相处，才有助于人与自然的共同发展。因此，在乡村建设过程中，要引导村民学会尊重自然、保护自然，从而带领村民走出一条可持续发展的和谐道路。

“四美”，指产业美、环境美、生活美、人文美。产业美是指乡村产业能够实现可持续发展，乡村资源的开发和利用符合科学发展观，做到生产循环化、产地清洁化、资源节约化和投入品减量化，最终在带动乡村经济发展的同时将产业对乡村环境的危害降到最低。环境美是指乡村的自然环境和生活环境都达到生态宜居的标准，“脏乱差”的现象得到根本扭转，并逐步使乡村环境实现“从一时美到时时美，从一处美到处处美”的转变。生活美是指广大村民的生活变得更加富裕，邻里之间更加和睦，村民的幸福感获得进一步提升。人文美是指乡村形成良好的民风、乡风，地方文化特色得到凸显，并逐步发展为具有文化特色的乡村。

总之，乡村振兴指向的是乡村的发展，所有工作的出发点和落脚点都是广大的村民，最终目标就是将乡村建设成安居乐业的美丽家园，使广大村民可以幸福地生活在其中。

参考文献

[1] 李群. 乡村振兴战略规划实施路径探讨：基于特色小镇建设载体延伸运行操作指南 [M]. 北京：中国经济出版社，2018.

[2] 王登峰，张硕，王一伟. 民俗文化与乡村振兴 [M]. 北京：北京联合出版公司，2020.

[3] 张晓山. 乡村振兴战略 [M]. 广州：广东经济出版社，2020.

[4] 王雄. 乡村振兴陕西实践 [M]. 西安：西北大学出版社，2021.

[5] 许维勤. 乡村治理与乡村振兴 [M]. 厦门：鹭江出版社，2020.

[6] 郑辽吉. 特产开发与乡村振兴 [M]. 沈阳：东北大学出版社，2020.

[7] 杜发春，韦小鹏. 人类学与乡村振兴 [M]. 哈尔滨：黑龙江人民出版社，2020.

[8] 陆超. 读懂乡村振兴 [M]. 上海：上海社会科学院出版社，2020.

[9] 朱风顺. 乡村振兴战略背景下茶文化、茶产业的发展与实践研究 [J]. 福建茶叶，2022，44（7）：9–11.

[10] 高灿. 互联网金融服务茶企助力乡村振兴 [J]. 福建茶叶，2022，44（8）：36–38.

[11] 黄琦. 乡村振兴背景下农村公共管理探究 [J]. 智慧农业导刊，2022，2（12）：132–134.

[12] 贾则琴，龚晓莺. 乡村振兴助力新发展格局的理论与现实分析：基于马克思再生产循环理论 [J]. 技术经济与管理研究，2022（6）：88–93.

[13] 陈文海. 高校基层党组织服务乡村振兴的协同创新研究 [J]. 学校党建与思想教育，2022（12）：29–31.

[14] 豆学兰，高志辉. 甘肃省脱贫攻坚与乡村振兴有效衔接对策研究：以陇南市武都区为例 [J]. 甘肃农业，2022（6）：7–11.

[15] 张绮雯，林青宁，毛世平. 科技引领乡村振兴的顶层设计、路径措施与典型模式 [J]. 农业科技管理，2022，41（3）：6–9，92.

[16] 徐艳，邝文国，蒋永忠. 省级农业科学院面向乡村振兴的知识服务路径探析：基于对江苏省农业科学院的分析 [J]. 农业科技管理，2022，41（3）：23–26.

[17] 翁巘遥，秦淑平. 奉贤区实施乡村振兴战略的工作分析与推进措施 [J]. 上海农业科技，2022（3）：1–4.

[18] 董洪梅，乔喜凤，李子靖. 大庆市增强县域经济推动乡村振兴的路径研究 [J]. 大庆社会科学，2022（3）：81–84.

[19] 倪莹莹. 职业教育高质量发展赋能乡村振兴路径研究 [J]. 经济师，2022（6）：186–187.

[20] 白露. 公共文化服务助推乡村振兴机制研究 [J]. 农村·农业·农民（B 版），2022（6）：56–58.

[21] 陈典英，邹佰峰. 以人民为中心：乡村振兴的价值遵循 [J]. 西昌学院学报（社会科学版），2022，34（2）：36–39.

[22] 邹翔名. 率先示范 探索创新 勇毅前行 全面推进乡村振兴先行示范区建设 [J]. 重庆行政（公共论坛），2022，23（3）：17–19.

[23] 杜志雄，陈文胜，陆福兴，等. 全面推进乡村振兴：解读中央一号文件（笔谈）[J]. 湖南师范大学社会科学学报，2022，51（3）：10–26.

[24] 王旺，林宝春，林燕妮，等. 金融服务乡村振兴研究（2012—2022 年）：热点与趋势：基于 CiteSpace 知识图谱可视化分析 [J]. 乡村论丛，2022（3）：99–106.

[25] 毕节市委组织部. 大方县：创建“双好双强”基层党组织助推乡村振兴 [J]. 当代贵州，2022（23）：77.

[26] 叶合柳，颜怀坤. 以乡村振兴促进共同富裕的实践路径探究：基于重庆市 B 区的多案例考察 [J]. 乡村论丛，2022（3）：39–46.

[27] 陆媛，常田子，张晨，等. 乡村振兴审计研究：关于文献综述 [J]. 山西农经，2022（11）：1–4+15.

[28] 王玮. 政府审计促进乡村振兴战略的路径探索：基于 2022 年中央一号文件角度 [J]. 山西农经，2022（11）：31–33.
[29] 佟玲，田华. 乡村振兴战略下财务管理专业产教融合协同育人模式创新研究 [J]. 农业经济，2022（6）：116–117.
[30] 崔惠民，王志豪. 数字普惠金融助力乡村振兴的影响机理与空间效应 [J]. 合肥工业大学学报（社会科学版），2022，36（3）：1–11.
[31] 崔佳，齐慧. 金融巩固拓展脱贫成果同乡村振兴衔接的路径研究：以鄂尔多斯为例 [J]. 北方金融，2022（6）：105–109.
[32] 陈军周. 乡村振兴战略下农村金融模式创新研究 [J]. 山西农经，2022（11）：184–186.
[33] 陈维妮，梁世骥. 贵州省土地整治助推乡村振兴的对策研究 [J]. 产业与科技论坛，2022，21（12）：20–22.
[34] 尹光銮. 大数据技术在乡村振兴中的价值及运用 [J]. 产业与科技论坛，2022，21（12）：37–38.
[35] 邸艳英. 充分发挥农民在吉林市乡村振兴中主体作用的研究 [J]. 产业与科技论坛，2022，21（12）：163–165.
[36] 于衍学，孟定芳. 乡村振兴战略理论研究的三维视角 [J]. 经济研究导刊，2022（17）：4–7.
[37] 方雪郦. 乡村振兴理论的逻辑起点、价值意义及路径探索 [J]. 吕梁学院学报，2022，12（3）：54–58.
[38] 高洁. 承德市乡村振兴现状分析及对策研究 [J]. 山西农经，2022（11）：75–77.
[39] 彭慧，陈瑜. 甘肃省乡村旅游与乡村振兴耦合协调发展研究 [J]. 国土与自然资源研究，2022（4）：69–73.
[40] 翟峰. 贯彻四川省第十二次党代会精神 统筹推进乡村振兴 [J]. 乡村振兴，2022（6）：41–42.
[41] 冯秀环. 河北乡村振兴体制机制创新研究 [J]. 现代化农业，2022（6）：56–58.
[42] 张彦. 脱贫攻坚和乡村振兴有效衔接的策略研究 [J]. 新经济，2022（6）：42–44.
[43] 任澜涛. 论乡村振兴的法治保障路径 [J]. 安阳师范学院学报，2022（3）：51–56.

[44] 张傲博. 实现脱贫攻坚有效衔接乡村振兴路径探究：以临洮县为例 [J]. 农家参谋，2022（11）：10–12.
[45] 李建国. 基层党建助力乡村振兴的对策探讨 [J]. 农家参谋，2022（11）：28–30.
[46] 唐任伍，许传通. 乡村振兴推动共同富裕实现的理论逻辑、内在机理和实施路径 [J]. 中国流通经济，2022，36（6）：10–17.
[47] 王怡，郭萌. 脱贫攻坚与乡村振兴的衔接考量：基于 14 个“连片特困地区”的效益测评与对策建议 [J]. 山西农业大学学报（社会科学版），2022，21（3）：100–108.
[48] 聂振法. 乡村振兴中基层人才公共服务能力提升路径 [J]. 人才资源开发，2022（11）：33–34.
[49] 陈亚军. 数字普惠金融促进乡村振兴发展的作用机制研究 [J]. 现代经济探讨，2022（6）：121–132.
[50] 姚旭兵，邓晓霞，罗光强. 农村人力资本是否促进了乡村振兴?：基于双重异质性视角 [J]. 西南民族大学学报（人文社会科学版），2022，43（6）：136–149.
[51] 张弘弛. 乡村治理赋能乡村振兴的逻辑机理与实现路径 [J]. 中共山西省委党校学报，2022，45（3）：61–66.
[52] 张斐然. 国家审计促进乡村振兴战略推进的发展研究 [J]. 山西农经，2022（10）：184–186.
[53] 田庆刚，车四方，江源，等. 重庆市乡村振兴发展水平测度与评价 [J]. 重庆理工大学学报（社会科学版），2022，36（5）：79–89.
[54] 李媛. 国土空间规划背景下乡村振兴战略实施路径研究 [J]. 山西农经，2022（10）：33–35.
[55] 彭怡峰，宋刘斌，刘解龙. 高校“三位一体”帮扶模式及对乡村振兴的启示 [J]. 长沙理工大学学报（社会科学版），2022，37（3）：15–23.
[56] 沈璐，王涵之，李艺. 农业高职院校服务乡村振兴战略问题与路径研究 [J]. 湖北开放职业学院学报，2022，35（10）：135–137.
[57] 高喜元. 基层党校实施乡村振兴战略工作思考 [J]. 农业开发与装备，2022（5）：1–3.

[58] 孙居莲. 基于财政政策供给侧改革视角的乡村振兴对策研究：以山东省滨州市为例 [J]. 财会学习，2022（16）：5-7.
[59] 沈靓. 乡村振兴补助资金管理分析 [J]. 行政事业资产与财务，2022（10）：67-69.
[60] 何经纬，孙子月. 民族地区乡村振兴内生动力培育与运行逻辑：以青海省泽库县为例 [J]. 湖北农业科学，2022，61（10）：222-224，封 3.
[61] 孙根紧，李梦丽，孙莎，等. 四川革命老区旅游减贫与乡村振兴政策衔接研究 [J]. 内江师范学院学报，2022，37（5）：86-91.
[62] 吴昕. 构建开发性金融 支持乡村振兴长效机制探讨 [J]. 福建金融，2022（5）：42-46.
[63] 韦志钢，吴雨星. 运用辩证思维推进乡村振兴发展：以闽东苏区富溪村为例 [J]. 闽江学院学报，2022，43（3）：33-39.
[64] 刘镇瑞，罗盛生，于宛玉. 精准扶贫迈向乡村振兴的有效路径研究：以甘南地区为例 [J]. 经济研究导刊，2022（15）：25-27.
[65] 田雨潼. 大学生参与乡村振兴路径研究 [J]. 经济研究导刊，2022（15）：28-30.
[66] 王文杰. 高质量推进乡村振兴的新思路 [J]. 南方农业，2022，16（10）：139-141.
[67] 王滨. 地方高职院校服务乡村振兴战略路径探讨 [J]. 南方农业，2022，16（10）：160-163.
[68] 黄燕，何玲玲. 我国南部边境地区脱贫巩固与乡村振兴有效衔接问题探讨 [J]. 西部经济管理论坛，2022，33（3）：41-49.
[69] 董双丽. 乡村振兴背景下农村基层治理课程的教学改革探讨 [J]. 公关世界，2022（9）：44-45.
[70] 叶德辉，郭富菊. 设计助力乡村振兴模式研究 [J]. 设计，2022，35（10）：100-103.
[71] 庞凌霄. 数字普惠金融、农村减贫与乡村振兴 [J]. 统计与决策，2022，38（10）：57-62.
[72] 李艳雷. 实施乡村振兴战略的路径探析 [J]. 农村·农业·农民（B 版），2022（5）：9-10.

[73] 申雯. 新时期乡村振兴战略实施途径研究 [J]. 老字号品牌营销，2022（10）：36–38.

[74] 杨胜强，廖和平，刘洛甫，等. 重庆市县域乡村振兴水平评价及发展路径研究 [J]. 西南大学学报（自然科学版），2022，44（5）：13–22.